Christi Grace

Mein Heim für Tiere

Was ich von meinen vierbeinigen Freunden über Gott und das Leben lernte

Aus dem amerikanischen Englisch von Dagmar Schulzki

SCM
Stiftung Christliche Medien

SCM Hänssler ist ein Imprint der SCM Verlagsgruppe, die zur Stiftung Christliche Medien gehört, einer gemeinnützigen Stiftung, die sich für die Förderung und Verbreitung christlicher Bücher, Zeitschriften, Filme und Musik einsetzt.

© der deutschen Ausgabe 2022
SCM Verlagsgruppe GmbH · Max-Eyth-Straße 41 · 71088 Holzgerlingen
Internet: www.scm-haenssler.de; E-Mail: info@scm-haenssler.de

Originally published in English under the title:
My Hair-Raising and Heartwarming Adventures as a Pet Sitter
Copyright © 2020 by Christi Grace
Published by Harvest House Publishers
Eugene, Oregon 97408
www.harvesthousepublishers.com

Soweit nicht anders angegeben, sind die Bibelverse
folgender Ausgabe entnommen:
Neues Leben. Die Bibel, © der deutschen Ausgabe 2002
und 2006 SCM-Verlag GmbH & Co. KG, Witten.
Weiter wurden verwendet:
Elberfelder Bibel 2006, © 2006 by SCM-Verlag GmbH & Co. KG, Witten.

Übersetzung: www.book-translation.de, Dagmar Schulzki
Lektorat: Esther Middeler – www.middeler.com
Umschlaggestaltung: Stephan Schulze, Holzgerlingen
Titelbild und Autorenfoto: © 2020 by Christi Grace
Satz: typoscript GmbH, Walddorfhäslach
Druck und Bindung: GGP Media GmbH, Pößneck
Gedruckt in Deutschland
ISBN 978-3-7751-6081-0
Bestell-Nr. 396.081

Für John und Vic, meine neu gefundenen Schätze

Inhalt

Vorwort 7

1 Gideon – Sanftmut auf drei Beinen 9
2 Gingers Rettung 19
3 Flucht vor Rocko 33
4 Sina – eine Lektion in Sachen Vertrauen 45
5 Ein Wunder für Freddy 65
6 Hausbesuch mit Hindernissen 89
7 Molly – ein Hund mit Führungsqualitäten 97
8 Hollis – 40 Kilo gebündelte Energie 107
9 Toto – Hündin mit Biss 125
10 Sylvia – das unsichtbare Haustier 137
11 Katzen, Kätzchen und eine harte Prüfung 149
12 Abschied 177

Vorwort

Frag die Tiere, sie werden dich lehren. Frag die Vögel am Himmel, sie verraten es dir. Richte deine Gedanken auf die Erde, sie wird dich unterweisen. Auch die Fische im Meer werden es dir erzählen. Sie alle wissen, dass der Herr sie geschaffen hat. Denn das Leben eines jeden Geschöpfes und der Atem jedes Menschen liegt in seiner Hand.
Hiob 12,7-10

Als ich mich aus der verrückten und stressigen Geschäftswelt verabschiedete, hatte ich nicht die leiseste Ahnung, welchen Weg Gott für mich vorbereitet hatte. Doch als er ihn mir schließlich zeigte, wurde für mich ein Traum wahr. Ich habe Tiere schon immer geliebt. Sie waren Teil meines Lebens, solange ich denken kann, und indem ich mich als Haustiersitterin selbstständig machte, konnte ich den ganzen Tag mit Tieren verbringen. Für mich war das der beste Job aller Zeiten!

Ich freue mich sehr, dass ich meine Reise mit dir teilen kann. Jede Geschichte in diesem Buch ist wahr, und Gott hat jedes einzelne Tier, um das ich mich in über 12 Jahren kümmern durfte, dafür gebraucht, mich eine Lektion fürs Leben zu lehren. Einige der Geschichten sind lustig, andere traurig und manche erzählen von Wundern. Aber jede dieser Begegnungen veränderte mein Leben auf eine ganz erstaunliche Weise und zeigte mir, dass Gottes Liebe für *jedes* seiner Geschöpfe unendlich ist.

Ich hoffe, dass dieses Buch auch dich zumindest ein kleines bisschen verändern wird.

1

Gideon — Sanftmut auf drei Beinen

Nehmt mein Joch auf euch. Ich will euch lehren, denn ich bin demütig und freundlich, und eure Seele wird bei mir zur Ruhe kommen. Denn mein Joch passt euch genau, und die Last, die ich euch auflege, ist leicht.
Matthäus 11,29-30

Jedes Tier, um das ich mich in all den Jahren kümmerte, bot mir eine neue Gelegenheit, mein Herz zu verschenken, und Gideon war dabei keine Ausnahme.

Gideons Besitzer hatten von mir und meinem Haustiersitter-Service durch den Tierarzt, der ihre Pferde behandelte, erfahren. Jetzt sollte ich Gideon und die anderen Tiere, die sie meiner Obhut anvertrauen wollten, kennenlernen. Als ich über den Kiesweg zum Haus meiner zukünftigen Kunden fuhr, sah ich große, braune Augen, die mich durch die Streben des eisernen Eingangstors der Farm verfolgten. Ich wusste, das musste Gideon sein.

Er war ein goldfarbener Labradormischling mit einem unbeschwerten Gesichtsausdruck. Sein Maul war gerade so weit geöffnet, dass es ein perfektes Lächeln bildete. Und seine freudige Erwartung war offensichtlich – er wedelte so heftig mit dem Schwanz, dass sein ganzer Körper mitschwang.

Die Besitzer hatten mir nicht gesagt, ob ich durch das Tor fahren sollte, deshalb ließ ich mein Auto davor stehen. Ich nahm meinen Block, einen Stift und eine Visitenkarte und machte mich auf den Weg zur Haustür.

Ich weiß nicht, ob das der Moment war, in dem Gideon mein Herz zuflog, oder Sekunden später, als er einige Schritte zurückging, wie um mir Platz zu machen, damit ich das Tor öffnen konnte. Dabei fiel mir auf, dass er seinen rechten Vorderfuß dicht an seinen Körper gezogen hielt, während er auf den verbleibenden drei Beinen umherhopste.

In diesem Augenblick fuhr ein Auto heran und die Besitzer der Farm – ein junges Paar – stiegen aus. Sie hießen mich herzlich willkommen und führten mich hinein. Der Mann, Kirk, erklärte mir, dass Gideon vor etwa drei Jahren von einem Auto angefahren worden sei, und sie gehofft hätten, sein Bein würde ohne das Eingreifen eines Tierarztes heilen. Ich versuchte, meine Verwirrung zu verbergen, aber Kirk sah sie mir wohl trotzdem an. Wie er mir erklärte, waren sie sicher, dass Gideon sein Bein aufstellen und darauf gehen könnte; er fürchtete sich nur zu sehr davor. Mittlerweile, sagte Kirk, komme er jedoch auch auf nur drei Beinen gut zurecht.

Gideon folgte uns, als sie mich herumführten. Als ich sah, wie er durch die Gegend humpelte, tat mir das Herz weh, aber es schien ihn nicht allzu sehr zu stören, obwohl er sich nach einigen Minuten ausruhen musste. Offensichtlich hatte er Freude daran, uns zu begleiten. Dann führte das Paar mich zu den beiden Pferden, für die ich ebenfalls sorgen sollte.

Ich notierte mir alle nötigen Anweisungen und wir vereinbarten, dass ich in zwei Wochen mit der Arbeit beginnen sollte. Gideon begleitete mich wie ein Gentleman zurück zum Tor. Als ich es gerade weit genug öffnete, um hindurchschlüpfen zu können, beobachtete er mich mit seinen großen, braunen Augen, als wolle er sagen: *Wo gehst du hin? Du bist doch gerade erst gekommen!*

Als ich wegfuhr, blieb Gideon am Tor stehen und sah mir nach. Ich habe das Bild seines freundlichen Abschieds noch immer vor Augen.

Am Tag meines ersten Arbeitseinsatzes wurde ich wiederum auf Gideons typische Art begrüßt. Schon beim Heranfahren sah ich seine großen Augen zwischen den Streben des Tors. Ich freute mich sehr und konnte es kaum erwarten, ihn zu umarmen und Zeit mit ihm zu verbringen.

Während ich die Pferde mit Heu versorgte und ihr Futter mischte, blieb Gideon in meiner Nähe. Es war ein heißer Julitag und ich sah, dass es ihm Mühe bereitete, auf seinen drei gesunden Beinen umherzulaufen. Als er immer heftiger hechelte, suchte ich nach seiner Wasserschüssel, aber ich hatte mir bei meinem letzten Besuch nicht notiert, wo sie stand. Schließlich fand ich sie jedoch perfekt positioniert unter dem Regenfallrohr des Hausdachs. Ich sah zu Gideon, der inzwischen im kühlen Matsch lag, und fragte mich, ob er normalerweise dort Wasser trank. Später fand ich heraus, dass es genau so war.

An diesem ersten Tag nahm ich mir die Zeit, Gideons schlechtes Bein zu untersuchen. Ich wollte herausfinden, ob er es aufstellen konnte. Es störte ihn nicht, dass ich es anfasste und sanft daran zog, um zu sehen, ob es sich ausstrecken ließ, und so dachte ich, ich könnte ihm vielleicht helfen, darauf zu laufen. Aber dann merkte ich, dass sein Bein so eng an seinen Körper gepresst war, dass er es nicht bewegen konnte.

Es war offensichtlich, dass dieser kostbare Hund seinen Zustand akzeptiert hatte und sich nicht leidtat. Abgesehen davon, dass er müde war, wenn er längere Zeit umhergehumpelt war, schien Gideon sich in keiner Weise benachteiligt zu fühlen.

Im Laufe des nächsten Jahres kümmerte ich mich noch viele Male um Gideon. Ich hatte große Freude daran, für ihn zu sorgen. Ich liebte seine sanfte Art und es gefiel mir, wie er sein Leben humpelnd meisterte. Es war in Ordnung für ihn, Wasser aus der Regenrinne zu trinken, aber er *liebte* es, wenn ich ihm stattdessen Wasser aus dem Gartenschlauch gab.

Diesem dreibeinigen Hund war es gelungen, mein Herz zu erobern. Ich hatte meine eigene Meinung über seine Situation und war fest entschlossen, ihm, solange er in meiner Obhut war, so viel Liebe zu geben wie nur möglich. Aber abgesehen davon wusste ich: Es musste noch einen weit bedeutenderen Grund dafür geben, dass er in mein Leben getreten war, als dass ich ihn mit Futter und Wasser versorgte.

Hin und wieder jedoch war Gideon nicht er selbst. Dann humpelte er, wenn ich ankam, nicht wie gewohnt auf mich zu, um mich zu begrüßen, sondern verkroch sich stattdessen unter der Veranda und kam nicht heraus, ganz gleich, wie sehr ich ihm gut zuredete. Ich sprach Kirk und seine Frau auf sein seltsames Verhalten an, aber sie sagten, das sei normal. Sie schrieben es der Hitze zu oder seiner Trennungsangst, wenn sie eine Zeit lang weg gewesen waren.

Eines Tages riefen sie mich überraschend an und sagten mir, dass sie in einen anderen Staat ziehen würden und Gideon nicht mitnehmen könnten. Wäre ich in der Lage, ein neues Zuhause für ihn zu finden – innerhalb von drei Tagen? Wenn nicht, käme er ins Tierheim. Mein Herz wurde schwer. Wie konnte ich in drei Tagen ein Heim für einen dreibeinigen Hund finden? Ich betete zu Gott, dass er mir half, das liebevolle Zuhause zu finden, das dieser kostbare Hund verdiente, und ging zur Arbeit.

Zwei Tage vergingen, ohne dass ich irgendetwas erreichte, aber in meinem Kopf hörte ich immer wieder die Worte: *Gib nicht auf.* So fuhr ich fort, meinen Freunden, meiner Familie und meinen anderen Kunden von Gideon zu erzählen. Ich informierte auch das Netzwerk von Tierrettern, mit dem ich hin und wieder zu tun hatte, aber niemand konnte Gideon helfen. Schließlich kam der dritte Tag und in mir machte sich Verzweiflung breit. Wie konnte ich zulassen, dass Gideon ins Tierheim gebracht wurde?

Schließlich traf ich eine Entscheidung, von der mein Mann mir später sagte, dass er sie schon die ganze Zeit vorausgesehen hatte: Ich nahm Gideon mit zu mir nach Hause. Ich wusste, dass das nur eine Übergangslösung sein konnte – ich hatte bereits ein Haus voller Hunde und Katzen und einen Stall voller Pferde und konnte auf unserer kleinen Farm nicht noch mehr hungrige Mäuler stopfen. Aber sie verschaffte mir die Zeit, ein wunderbares, dauerhaftes Zuhause für Gideon zu finden.

Bis dahin war es ein schönes Geschenk, Gideon bei uns zu haben. Seine sanfte Persönlichkeit erfüllte unsere Farm mit Wärme. Er liebte es, in unserem Stall neben den Pferden zu liegen und über die Wiesen zu hüpfen. Auch meine Hunde liebten ihn. Wenn wir im Garten saßen, legte Gideon sich oft neben uns auf den Boden, während die anderen Hunde auf ihm herumturnten und an seinen Ohren zogen. Er war so ein guter Kamerad und er liebte die Aufmerksamkeit. Keiner der anderen Hunde schien Gideons Behinderung zu bemerken.

Ich betete weiterhin für ihn – nicht nur, dass er ein Zuhause fand, sondern auch, dass er die Liebe bekam, die er verdiente. Gideon hatte mich so viel darüber gelehrt, wie man sich über die Ungerechtigkeit der Welt hinwegsetzt und damit fertig wird, auch wenn es nicht einfach war.

Ich wusste, Gott würde etwas tun.

Gideon blieb etwa sechs Wochen bei uns. Dann sagte mir eine meiner Kundinnen, die es zuerst abgelehnt hatte, Gideon bei sich aufzunehmen, dass ihre Tochter ihm ein neues Zuhause geben wollte. Und nicht nur das – sie wollte auch sein Bein in Ordnung bringen lassen.

Gott ist so gut!

Es war ein bittersüßer Samstag, als meine Kundin und ihre Tochter kamen, um Gideon abzuholen. Ich freute mich sehr für ihn, doch gleichzeitig fiel mir der Abschied schwer. Gideon war zu einem Teil unseres Lebens geworden. Wenn ich sein sanftes Fellgesicht sah, vergaß ich oft alle Gründe, warum ich ein neues Zuhause für ihn finden musste. Aber ich wusste auch, dass es das Beste für ihn war, an einen Ort zu kommen, an dem er im Zentrum der Aufmerksamkeit stand. Das hatte er noch nie gehabt.

Wenn ich sah, wie Gideon umherhumpelte, berührte mich das in meinem tiefsten Innern und schenkte mir Trost. Es erinnerte mich daran, dass es einen wunderbaren Gott gibt, der mich in all meiner Unvollkommenheit liebt. Er blickt auf mich herab und sieht mich umherhumpeln, aber er hat Mitgefühl für mich und bietet mir seine erstaunliche Gnade an. Und er weiß, dass es eines Tages ein besseres Zuhause für mich geben wird – ein Heim, in dem meine Unvollkommenheit von mir abfällt wie ein unnützes Anhängsel.

Es mag sich seltsam anhören, aber ich glaube, Gideon wusste, wo er an diesem Tag hinging – *nach Hause*. Er schloss die Tochter meiner Kundin sofort ins Herz und wich nicht mehr von ihrer Seite. Und auch sie verliebte sich sofort in ihn, genau wie ich es vorausgesehen hatte. Als es für sie an der Zeit war, loszufahren, sprang Gideon in ihr Auto. Es versetzte mir einen kleinen Stich, dass er sich nicht einmal mehr zu mir umdrehte, aber ich wusste, dass er jetzt dort sein würde, wo er sein musste.

Während der nächsten Tage war ich gleichzeitig beschwingt, erleichtert und dankbar. Gott hatte mein Gebet beantwortet, und ich glaube, er hatte auch Gideons Gebet beantwortet. Seine neue Besitzerin hielt den Kontakt zu mir und schickte mir Bilder von ihm, wie er zusammengerollt auf ihrem Bett lag, von seinem neuen Futternapf, seinen neuen Spielsachen und seiner neuen Familie, die ein Pferd, eine Katze und ein Kaninchen einschlossen. Mein Herz war so erfüllt, dass es fast platzte.

Ihr nächster Schritt bestand darin, sein Bein untersuchen zu lassen. Die Einschätzung ihrer Tierärztin deckte sich mit meiner Vermutung und so beschloss sie, es amputieren zu lassen. Es war in seiner Position verfestigt und ließ sich nicht mehr korrigieren. Sie vereinbarten einen Termin und wir alle warteten hoffnungsvoll auf den großen Tag.

Die Operation verlief ohne Komplikationen. Die Tierärztin sagte, sobald Gideons Wunde verheilt sei, würde er sogar noch besser zurechtkommen als vorher, weil er das Gewicht des unnützen Beins nicht mehr mit sich herumschleppen musste. Ich war so dankbar und freute mich für ihn.

Während der nächsten Wochen hielt mich seine Besitzerin ständig auf dem Laufenden über seine Fortschritte, und die Berichte waren immer positiv. Gideon gewöhnte sich daran, dass sein Bein nicht mehr da war, und es schien ihn absolut nicht zu stören. Er genoss sein glückliches Leben in seinem neuen Zuhause und den neuen Start ohne sein altes Gepäck.

Gideons Neuanfang wies erstaunliche Parallelen zu meinem eigenen Leben auf. Bevor ich Jesus in mein unabhängiges Leben ließ, war ich Gideon sehr ähnlich. Ich schleppte nutzloses Gepäck mit mir herum und weigerte mich, Gott meine Last tragen zu lassen. Ich »humpelte« durchs Leben und tat alles auf meine Weise. Aber dann zeigte mir ein Retter sanft einen anderen Weg. Er holte mich ab und gab mir ein neues Leben. Er nahm mir das alte Gepäck ab, das meine Freiheit einschränkte, und ich wurde wirklich frei!

Was für ein Geschenk wartet auf uns, wenn wir Gott unsere Last geben, so wie Gideon die seine abgeben konnte!

Nehmt mein Joch auf euch. Ich will euch lehren, denn ich bin demütig und freundlich, und eure Seele wird bei mir zur Ruhe kommen. Denn mein Joch passt euch genau, und die Last, die ich euch auflege, ist leicht.
Matthäus 11,29-30

Während Gideons Wunde zu einer winzigen, kaum sichtbaren Narbe verheilte, fiel seiner neuen Besitzerin ein altes Muster auf. Gideon versteckte sich immer wieder unter dem Bett und wollte nicht mehr hervorkommen. Er weigerte sich sogar, nach draußen zu gehen, was er normalerweise sehr gern tat. Sie war sehr besorgt. Ich schlug ihr vor, ihn vom Tierarzt untersuchen zu lassen. Der Befund war nicht gut. Der Arzt führte ein paar Tests durch und stellte fest, dass Gideon Leukämie hatte. In den bisherigen routinemäßigen Blutuntersuchungen hatte es keinen Hinweis darauf gegeben, aber das Ergebnis war eindeutig.

Als ich an die Jahre, in denen ich mich um Gideon gekümmert hatte, zurückdachte, erinnerte ich mich an all die Tage, an denen er sich so seltsam verhalten hatte. Das traf mich wie ein Schlag in den Magen, weil der Tierarzt sagte, dass Gideon wahrscheinlich schon eine ganze Zeit immer wieder mit Symptomen zu kämpfen gehabt hatte. Weder ich noch Gideons Besitzerin konnten die Neuigkeiten glauben – wir *wollten* sie nicht glauben. Die Prognose, dass Gideon noch einige gute Jahre vor sich haben könnte, war uns kein großer Trost.

Mir kamen die Tränen. Ich hatte geglaubt, das sei Gideons Happy End. Ich dachte, er hätte jetzt endlich das Leben, das er verdiente und das ich mir für ihn wünschte. Doch in den nächsten Monaten verschlechterte sich sein Gesundheitszustand rapide. Sechs Monate nach seiner Adoption bekam ich einen tränenreichen Anruf. Das war der Tag, von dem sich keiner von uns gewünscht hatte, dass er kommen würde.

Ich denke noch oft an Gideon. Wenn ich mir den Tag, an dem ich diesen erstaunlichen dreibeinigen Hund kennenlernte, ins Gedächtnis rufe, sehe ich immer noch sein unbekümmertes Gesicht am Tor. Ich weiß, dass Gott ihn aus vielerlei Gründen in mein Leben geschickt hat, und ich bin dankbar – nicht nur für den Segen, dass ich ihn lieben durfte, sondern auch, dass er die letzten sechs Monate seines Lebens bei einer Familie verbringen konnte, die ihm die Liebe schenkte, die er verdient hatte.

Wir alle sind dankbar für das Geschenk, dass wir Gideon in unserem Leben haben durften.

Lieber Herr, danke für dein wunderbares Geschenk der Erlösung und der Gnade. Vergib mir, wenn ich versuche, an meiner Last festzuhalten, statt sie loszulassen und darauf zu vertrauen, dass du sie für mich trägst. Lehre mich, dass wahre Freiheit nur in dir zu finden ist. In Jesu Namen. Amen.

2

Gingers Rettung

Gott dagegen beweist uns seine große Liebe dadurch, dass er Christus sandte, damit dieser für uns sterben sollte, als wir noch Sünder waren.
Römer 5,8

Es war ein kühler Sonntagmorgen im Frühling, als ich den langen, unbefestigten Zufahrtsweg zum Haus meiner neuen Kundin entlangfuhr. Ihr Heim war ein kleines, aber makelloses Farmhaus im Ranchstil. Was mochte es für mich bereithalten? Ich war voller freudiger Erwartung.

Meine Gummistiefel in der Hand, ging ich auf dem schmalen, von Bäumen gesäumten Weg zum Haus. Einige Perlhühner begrüßten mich, indem sie meine Ankunft jedem innerhalb eines Radius von acht Kilometern lautstark verkündeten. Aus einem eingezäunten Bereich waren acht neugierige Augenpaare auf mich gerichtet, während ihre Besitzer zusammenliefen, um zu sehen, was sich hier tat. Weiter hinten neben einem einfachen Scheunenanbau pickten mehr Hühner, als ich zählen konnte, fleißig Körner vom Boden.

Ich ließ meine Gummistiefel fallen und schlüpfte aus meinen Flipflops. Ja, Flipflops. Obwohl die Temperatur bei nur knapp

16 Grad lag, trug ich meine geliebten Flipflops. Da ich in Florida geboren und aufgewachsen war, fiel es mir sehr schwer, die Gewohnheit, Flipflops zu tragen, abzulegen, selbst bei kühleren Temperaturen. Ich schlüpfte in meine warmen, gefütterten Gummistiefel und wandte meine Aufmerksamkeit den acht Augenpaaren zu, die mich beobachteten. Mittlerweile verfolgten die Ziegen jede meiner Bewegungen.

Ich zog meinen Spickzettel aus der Tasche meines Sweatshirts und sah mir nochmals an, was ich mir während meines Kennenlern-Besuchs mit Iris, ihrer Besitzerin, ein paar Wochen zuvor notiert hatte. Ich wollte jede Ziege anhand der Beschreibung identifizieren können.

Es war mein erster Job, bei dem ich Ziegen und Hühner hüten musste. Meine bisherigen Begegnungen mit Ziegen beschränkten sich auf einige Streichelzoobesuche in meiner Kindheit, von denen eine alles andere als angenehm gewesen war. Ich war ein bisschen nervös, aber ich war recht zuversichtlich, dass ich schnell herausfinden würde, wie ich mit ihnen umgehen musste, und meine Vorfreude überwog meine Unsicherheit bei Weitem.

Als ich ihre Anwesenheit überprüfte, sah ich nicht nur auf die Größe und das Fell jeder Ziege, sondern rief auch jede bei ihrem Namen. Erstaunlicherweise reagierten sie darauf. Beim Klang ihres Namens stellte eine nach der anderen die Ohren auf und blickte aufmerksam in meine Richtung. Schließlich kam ich zu dem Namen »Ginger« auf meiner Liste. Iris hatte mir auch im Hinblick auf die Persönlichkeit jeder Ziege eine detaillierte Beschreibung gegeben. Meine Notizen über Ginger beinhalteten die Worte »Matriarchin« und »nicht die klügste Ziege«.

Ginger war ein kleines weißes Weibchen mit braunen, schlaffen Ohren und einem braunen Gesicht. Zwei der jüngeren Ziegen waren ihre Kinder, aber sie war selbst noch recht jung. Iris hatte nicht bemerkt, dass Ginger schwanger gewesen war, als sie sie kaufte. Einen Monat später wurden ihre beiden reizenden Zicklein geboren – eine große Überraschung.

Ich beobachtete Ginger, während sie am Zaun stand. Einer der Böcke stupste sie spielerisch mit dem Kopf an, was sie jedoch nicht zu beeindrucken schien.

Iris hatte mir auch gesagt, dass Ginger sich oft selbst in Schwierigkeiten brachte (daher meine Notiz: »nicht die klügste Ziege«). Damals lachte ich darüber und dachte nicht groß darüber nach. Denn schließlich, sagte ich mir, in welche Schwierigkeiten konnte sich eine Ziege schon bringen?

Ich steckte meinen Notizzettel wieder in meine Tasche und ging auf das Tor zu. Sofort rannten mir alle acht Ziegen nach und drängten sich voll freudiger Erwartung am Tor. Ich wusste, dass sie entwischen würden, wenn ich ihnen auch nur die geringste Chance dazu gäbe. Glücklicherweise gelang es mir, mich durch das Tor in den Pferch zu schieben, bevor eine von ihnen die Gelegenheit beim Schopf ergreifen konnte.

Doch als ich jetzt umringt von den Ziegen in dem Pferch stand, fing mein Herz an zu klopfen. Niemand hatte mich davor gewarnt, dass sich die Ziegen so stark an das Tor drängen würden, doch wie ich später lernte, ist das ein typisches Verhalten dieser Geschöpfe. Ich stellte mir vor, wie ich den gesamten Sonntag damit verbrachte, die entwischten Ziegen wieder einzufangen.

Einige der Böcke stupsten mich sanft mit ihren Hörnern an. Ich versuchte, ruhig zu bleiben, obwohl sie mir damit die schlechte Erfahrung, die ich als Kind gemacht hatte, wieder in Erinnerung riefen. Tatsächlich war ich traumatisiert. In einem Streichelzoo hatte mich eine Ziege mit gesenktem Kopf quer über ein großes

Feld gejagt, bis ich mich schließlich in einer Scheune auf einen großen Heuhaufen retten konnte. Mein Onkel Steve musste uns hinterherrennen und die Ziege in Schach halten, damit sie mich nicht aufspießte. Ich fragte mich, ob sich heute eine ähnliche Szene abspielen würde. Aber ich bewahrte die Fassung und sagte mir, dass ich schließlich mittlerweile erwachsen war. Es wäre nicht gut, wenn die Nachbarn mitansehen müssten, wie die Haustiersitterin panisch durch den Ziegenpferch rannte.

Glücklicherweise schien keiner der Böcke die Absicht zu haben, mir seine Hörner in ein Körperteil zu rammen. Mit einem erleichterten Aufseufzen schickte ich ein schnelles »*Danke, Herr*« zum Himmel. Als ich mich in Bewegung setzte, folgten mir sämtliche Ziegen in der Erwartung ihres Frühstücks dicht auf den Fersen.

Das Ziegenfutter wurde in einem Plastikcontainer in einem kleinen Schuppen gelagert. Ich hatte mir die exakte Menge notiert, die ich ihnen geben und wo ich es verteilen sollte, damit sie sich nicht darum balgten. Ich schüttete das Futter an die entsprechenden Stellen und säuberte dann ihre Wassertröge.

Als Nächstes musste ich die Hühner füttern und ihren Stall ausmisten. Ich war erstaunt, wie schnell die Hühner wussten, wo sie Futter finden würden und wie eifrig sie mir hinterherrannten. Manche Menschen sagen, Hühner seien dumm, aber das ist nicht wahr. Sie mögen nicht die klügsten aller Tiere sein, aber sie sind definitiv nicht dumm.

Ich war Hühnern und Ziegen noch nie so nahe gekommen und hatte viel Spaß dabei, mich um sie zu kümmern. Zu meinen Aufgaben gehörte auch, die Eier aus den Legenestern der Hühner einzusammeln. Iris hatte mir gesagt, dass ich gern welche davon mitnehmen durfte. Manche waren sogar noch warm. Einige Hennen saßen jedoch noch auf ihrem Nest, sodass ich die Eier unter ihnen hervorholen musste. Die meisten von ihnen reagierten freundlich, aber einige hackten auf meine kalte Hand ein.

Nachdem ich meine Aufgaben erledigt hatte, fühlte ich mich unglaublich gesegnet, weil ich tun konnte, was ich liebte, und neue Erfahrungen sammeln durfte, die die meisten Menschen vielleicht nie machen würden.

Ich ging nochmals meine Notizen durch, um sicherzustellen, dass ich alle meine Pflichten erfüllt hatte. Nach einem letzten prüfenden Blick auf den Hühnerstall und die Wasserbehälter, machte ich mich auf den Rückweg und achtete darauf, dass das Tor hinter mir einrastete. Ich würde am Abend nochmals wiederkommen, um zu sehen, ob alles in Ordnung war, und die Hühner in ihrem Stall zu Bett zu bringen.

Als ich noch einen letzten Blick zurückwarf, sah ich, wie Ginger aus der Scheune kam – und dann stolperte und hinfiel. Bestürzt beobachtete ich, wie sie immer wieder versuchte aufzustehen, aber jedes Mal erneut zu Boden stürzte. Ich lief zu ihr und half ihr hoch, doch sobald ich meinen Griff lockerte, knickten ihre Beine wieder ein. Ich geriet in Panik. Was war hier los? Ich sah mich um, ob vielleicht eine Schlange in der Nähe war. Ich konnte keine entdecken, aber das bedeutete nicht, dass Ginger nicht gebissen worden war.

Ich fragte mich, ob ich jetzt zusehen musste, wie sie vor meinen Augen starb, und betete: *Lieber Herr, bitte hilf mir. Schenk mir Weisheit. Ich weiß nicht, was ich tun soll!*

Gingers Besitzer waren nicht im Land. Sie hatten mir für den Notfall die Telefonnummer ihres Hotels gegeben, aber sie waren mehrere Zeitzonen entfernt und hatten mir gesagt, dass die Telefonverbindung sehr unzuverlässig war. Dennoch versuchte ich, sie von meinem Handy aus zu erreichen, kam jedoch nicht durch.

Ginger kämpfte weiterhin. Manchmal konnte sie sich für ein paar Schritte auf den Beinen halten, doch dann fiel sie wieder zu Boden. Ich hatte keine Ahnung, was mit ihr passiert war. Noch vor wenigen Minuten war sie völlig normal gewesen, und jetzt schien sie ernsthaft krank zu sein. In meiner Hilflosigkeit begann ich zu weinen. Ich wusste nichts über Ziegen, abgesehen von dem, was Iris mir gesagt hatte, und das war nicht sehr viel. Aber ich wusste, dass Ginger in Gefahr stand, sich in diesem Zustand lebensbedrohlich zu verletzen.

Schließlich holte ich mein Handy wieder heraus und rief meinen Tierarzt an. Da es Sonntag war, erreichte ich nur seinen Anrufbeantworter und hinterließ eine Nachricht. Glücklicherweise rief er mich umgehend zurück. Ich berichtete ihm, was passiert war, aber er sagte mir, dass er keine Ziegen behandelte. Er gab mir jedoch die Telefonnummer einer Tierärztin, die mir möglicherweise helfen konnte.

Auch bei ihr landete ich auf dem Anrufbeantworter. Als sie mich einige Zeit später zurückrief, erklärte sie sich bereit, mir zu helfen, aber sie verlangte 250 Dollar für einen Hausbesuch. Sie sagte mir, dass eine Ziege im Durchschnitt um die 35 Dollar kostete, sodass die meisten Menschen kein Geld dafür ausgaben, sie von einem Tierarzt behandeln zu lassen. Es war billiger, sich einfach eine neue Ziege zu kaufen.

Ich war schockiert. So hatte ich das noch nie betrachtet. Ich glaubte, dass der Wert der Tiere nicht daran gemessen werden sollte, wie viel man für sie bezahlen musste, sondern daran, wie sehr man sie liebte.

Ich war nicht befugt, eine hohe Tierarztrechnung zu akzeptieren, deshalb dankte ich der Tierärztin nur für ihren Rückruf. Ich war völlig niedergeschlagen. Ginger ging es immer noch sehr schlecht, aber da ich nichts für sie tun konnte, machte ich mich auf den Heimweg. Die ganze Fahrt über betete ich um Weisheit, um Hilfe und was immer nötig war. Als ich nach Hause kam, rief ich bei der tierärztlichen Hochschule an der Universität unseres Staates an, die knapp hundert Kilometer von unserem Wohnort entfernt war.

Erstaunlicherweise ging jemand ans Telefon. Der Schulleiter, der an diesem Sonntag zufällig arbeitete, fragte mich mit sanfter und freundlicher Stimme, was er für mich tun könne. Ich schilderte ihm Gingers Fall.

Gott ist gut!

Dieser Tierspezialist wiederholte, was ich bereits gehört hatte: Die meisten Menschen gaben wegen ihrer Ziegen kein Geld für den Tierarzt aus, insbesondere nicht für medizinische Notfälle. Ich erklärte ihm, dass ich zum ersten Mal auf Ziegen aufpasste, und dass meine Kunden nicht im Land waren und ich die Ziege nicht einfach sterben lassen konnte, ohne den Versuch zu unternehmen, ihr zu helfen.

Er bat mich, ihm Gingers Symptome noch einmal genauer zu schildern. Ich berichtete ihm, dass sie immer wieder umfiel und benommen aussah. Seine Einschätzung lautete, dass Ginger unter einer Erkrankung litt, die auch Ziegenlähmung genannt wird. Manche Ziegen haben einen Mangel an Vitamin B1, was ihr zentrales Nervensystem beeinträchtigt. Wenn dieser nicht schnell behandelt wird, führt er zum Tod. Er fragte mich, ob ich Vitamin-B1-Spritzen zur Hand hatte, aber das hatte ich natürlich nicht. Dann schlug er mir vor, einen Tierarzt in der Nähe anzurufen und ihn um Unterstützung zu bitten, aber das hatte ich ja bereits versucht, und keiner von ihnen war bereit zu kommen, wenn ich mich nicht bereit erklärte, seine Rechnung über 250 Dollar zu bezahlen.

In meiner Hilflosigkeit setzte ich mich hin und weinte. Ich wusste nicht einmal, ob Ginger noch lebte. Aber dann hörte ich das Flüstern, das ich schon so viele Male zuvor gehört hatte: *Gib nicht auf.*

»Aber Gott«, sagte ich unter Tränen, »was kann ich tun? Niemand will mir helfen. Außer dir und mir scheint niemand einer Ziege viel Wert beizumessen.«

Dann hatte ich eine Idee. Wenn Ginger Vitamin B1 brauchte, musste sie dieses vielleicht nicht unbedingt mittels einer Spritze bekommen. Ich rannte zu dem Küchenschrank, in dem ich meine Nahrungsergänzungsmittel aufbewahrte. Ich wusste, dass ich keine B1-Tabletten hatte, aber irgendwo mussten noch einige B-Complex-Kapseln sein.

Hektisch schob ich die Fläschchen herum und fand schließlich ganz hinten eine große Flasche mit dem, was ich brauchte. Sie war nicht mehr voll, aber für den Moment waren noch genug Kapseln darin. Ich wusste nicht, wie viele B-Complex-Kapseln ich einer Ziege geben musste, deshalb schüttete ich einfach eine Handvoll heraus.

Ich löste etwa zehn Kapseln in Wasser auf, zog die Lösung in die große Maulspritze auf, die ich normalerweise benutzte, um meinen Pferden Medizin zu verabreichen, und eilte aus der Tür. Etwa zehn Minuten später war ich wieder bei dem Haus meiner Kunden und rannte den Weg zum Ziegengehege hinunter. Wiederum begrüßten mich die Ziegen am Zaun, aber Ginger war nicht unter ihnen. Ich sah, dass sie in der Scheune auf dem Boden lag. Kam ich zu spät? Mein Herz zog sich zusammen.

Aber sie lebte noch. Ich hob ihren Kopf an und schob ihr vorsichtig die Spritze ins Maul, um ihr die Vitaminlösung einzuflößen. Sie hatte noch genug Kraft für den Versuch, den Kopf wegzudrehen, wofür ich sehr dankbar war. Ich hatte keine Ahnung, ob ich ihr zu wenig oder viel zu viel gegeben hatte, aber das war alles, was ich tun konnte.

Genauso wie Ginger habe auch ich einen erstaunlichen Wert für Gott. Er gibt mich nicht auf. Als ich es am wenigsten verdient hatte – als ich eine Sünderin war, die gar nicht glaubte, dass sie einen Retter brauchte –, sandte er seinen einzigen Sohn, damit er für mich starb. Er wartete nicht darauf, dass ich wertvoller wurde – als ob ich das je hätte schaffen können. Jesus starb für mich, während ich noch die schlimmste Sünderin aller Sünder und am Tiefpunkt meines Lebens war. Stell dir nur vor – der Schöpfer des Universums misst uns allen einen solchen Wert bei, dass er sein Leben als Lösegeld für unsere Unwürdigkeit hingab und für unsere Sünden bezahlte!

Mein Lob und Dank gebührt dem Gott, der mich nicht aufgab; der nie glaubte, dass es keinen Weg gäbe, mich zu retten. Ich danke Gott, dass er mich nicht als eine fast wertlose 35-Dollar-Ziege betrachtete, die leicht ersetzt werden konnte.

> Gott dagegen beweist uns seine große Liebe dadurch, dass er Christus sandte, damit dieser für uns sterben sollte, als wir noch Sünder waren.
> *Römer 5,8*

Während Ginger auf dem Boden lag, fragte ich mich, ob die Vitamine aus meinem Küchenschrank sie wirklich aus ihrem hoffnungslosen Zustand zurückholen konnten. Dann streichelte ich ihr den Kopf und sagte ihr, dass ich bald zurück sei. Ich musste mich noch um einige andere Tiere kümmern, aber ich würde wiederkommen, so schnell ich konnte.

Während ich meine Arbeit fortsetzte, versuchte ich weiterhin, Iris zu erreichen, und schließlich gelang es mir. Ich setzte sie über die aktuelle Situation in Kenntnis und wiederholte, was die verschiedenen Tierärzte mir gesagt hatten. Sie war dankbar für meine Bemühungen, aber sie sagte mir, sie wisse, dass ich alles getan habe, was ich konnte, und ich solle mich nicht schlecht fühlen, wenn Ginger starb. Sie fragte mich, ob ich Ginger dann begraben könne, weil sie und ihre Familie nicht wollten, dass sie im Garten lag, bis sie in acht Tagen zurückkehrten. Ich sagte, dass mein Mann mir helfen würde, wenn es nötig wäre, doch allein der Gedanke daran brach mir das Herz.

Als ich einige Stunden später zurückkam, um wieder nach Ginger zu sehen, war mir sehr bange zumute. Ich befürchtete, sie tot aufzufinden. Aber für alle Fälle hatte ich eine weitere Spritze mit Vitaminlösung dabei.

Als ich in die Scheune kam, war sie nicht da. Mich verließ der Mut. Ich glaubte, sie hätte sich an einen einsamen Ort zurückgezogen, um zu sterben. Doch als ich zu den anderen Ziegen sah, die etwas weiter entfernt grasten, war zu meiner Überraschung Ginger unter ihnen. Sie stand auf ihren Beinen und fraß!

Schnell schlüpfte ich durch das Tor und rief ihren Namen. Ihr Kopf schnellte in die Höhe und alle Ziegen rannten auf mich zu, einschließlich Ginger! Ja, sie war noch ein wenig unsicher auf den Beinen, aber sie stürzte nicht und schaffte es, bei der Herde zu bleiben. Ich konnte es kaum glauben, aber es ging ihr zweifellos deutlich besser.

Wie war das möglich? Konnte es wirklich so einfach gewesen sein? Ich ging zu ihr, hielt ihr das Maul auf und spritzte die Vitamin-B-Lösung, die ich mitgebracht hatte, hinein. Sie zog den Kopf weg, sodass ein wenig daneben ging, aber das meiste schluckte sie.

Obwohl Ginger immer noch einen abwesenden und leicht benommenen Gesichtsausdruck hatte, war ich sehr erleichtert. Ich wusste, dass sie noch nicht über den Berg war, aber ich hielt an der Hoffnung fest, dass Gott mein Gebet beantwortet hatte und mein erster Tag mit Ginger nicht auch zugleich mein letzter sein würde. Ganz gleich, was alle anderen gesagt hatten – Ginger war es wert, gerettet zu werden!

Ich fuhr jeden Tag vier- oder fünfmal zu Ginger, um ihr weitere Vitamindosen zu verabreichen, und jeden Tag verbesserte sich ihr Zustand ein wenig. Zwar wirkte sie nach wie vor leicht abwesend, aber sie konnte fast wieder normal gehen und gesellte sich zu den anderen Ziegen. Ich rief Iris an, um ihr die guten Nachrichten mitzuteilen.

Im Laufe der Zeit wurde Ginger der Beschreibung, die Iris mir von ihr gegeben hatte, immer mehr gerecht: Eine Ziege, die sich ständig selbst in Schwierigkeiten brachte! Eines Abends, zwei Tage, bevor ihre Besitzer nach Hause zurückkehren sollten, machte ich eine letzte Runde und scheuchte die Hühner für die Nacht in den Stall. Alle Ziegen waren da – außer Ginger.

Panik überkam mich, als hätte jemand einen Eimer Eiswasser über mir ausgeleert. Ich ließ meinen Blick über den großen Pferch schweifen, aber Ginger war nirgends zu sehen. Dann suchte ich alle Winkel und Ritzen der Scheune ab, bis ich plötzlich einen schwachen Schrei hörte. Ich hielt inne und lauschte. Dann hörte ich einen weiteren Schrei. Er stammte definitiv von einer Ziege – aller Wahrscheinlichkeit nach von Ginger.

Ich rief ihren Namen, und ihr nächster Schrei war noch eindringlicher und lauter. Im Halbdunkel ging ich in die Richtung, aus der der Schrei gekommen war, und machte in dem fahlen Licht die Umrisse einer Ziege aus, die in der hintersten Ecke des Pferchs am Zaun stand. Als ich näher kam, wurden die Schreie lauter und ich sah, was passiert war: Ginger hing mit dem Kopf in dem Drahtgeflecht des Zauns fest!

Ich lief zu ihr, ohne zu wissen, was mich erwartete. Hatte sie sich stranguliert? Zu meiner Erleichterung war sie nicht verletzt, wenn auch extrem verärgert. Ich bog den Draht auseinander und zog Gingers Kopf heraus. Für einen Moment stand sie still, dann schüttelte sie den Kopf und sprang zur Scheune.

Ich war so dankbar, dass die ereignisreiche Woche, in der ich mich um Ginger gekümmert hatte, fast vorbei war. Ich wusste nie, welches Szenario mich erwartete, wenn ich zu ihr fuhr! Dennoch war Ginger zu meiner Lieblingsziege geworden.

Als Iris aus dem Urlaub zurückkam, konnte sie kaum glauben, dass die Ziege lebte und es mir gelungen war, herauszufinden, was ihr fehlte. Später forschte sie nach und kam zu dem Schluss, dass Ginger modriges Heu gefressen haben musste, was ihren Vorrat an B-Vitaminen erschöpft und das Problem verursacht hatte.

In den Jahren, die dieser aufregenden Woche folgten, sorgte ich noch einige Male für Ginger und die anderen Ziegen. Ginger verfing sich auch weiterhin immer wieder mit ihrem Kopf im Zaun. Schließlich schob Iris dem einen Riegel vor, indem sie ihr ein Stöckchen zwischen die Hörner klemmte. Dennoch blieb sie die Matriarchin ihrer Herde, und im Laufe der Zeit legte sie ihre unglückseligen Gepflogenheiten weitgehend ab.

Ich werde nie vergessen, was Gott mich durch eine Ziege lehrte, die so viel mehr wert war als 35 Dollar.

Lieber Herr, wie kann ich dir je dafür danken, was du für mich getan hast, als du deinen Sohn sandtest, der sein vollkommenes, unschätzbares Blut für mich vergoss? Danke, für das, was du mich gelehrt hast: Der Wert, den du mir beimisst, übersteigt bei Weitem mein Gefühl, nicht würdig zu sein. Selbst als ich noch eine Sünderin war, sah Jesus meinen Wert. Wie Ginger komme ich manchmal vom richtigen Weg ab, aber ich danke dir, dass du mich nie aufgibst. In Jesu Namen. Amen.

3

Flucht vor Rocko

Der Herr behütet dich, wenn du kommst und wenn du wieder gehst, von nun an bis in Ewigkeit.
Psalm 121,8

Ich muss gestehen, dass ich vielleicht nicht allzu begeistert war, als Janet anrief und meine Dienste in Anspruch nehmen wollte. Ihre erste Frage lautete: »Haben Sie Erfahrung mit Hennen und Hähnen?« Ich hatte schon einige Male für Hennen gesorgt und es immer sehr gern getan, aber noch nie für Hähne. Meine bisherigen Erfahrungen mit dieser Geflügelart beschränkten sich also auf den weiblichen Teil. Deshalb war mein schnelles Ja nicht ganz wahrheitsgetreu. Aber zu meiner Verteidigung sei gesagt, dass ich dachte: »Worin besteht der große Unterschied? Hähne sind nur männliche Hühner.«

Janet bat mich um einen Besuch auf ihrer Farm, damit sie mir sagen konnte, was ich für die Versorgung der Tiere während ihres siebentägigen Urlaubs mit ihrem Mann wissen musste.

Am Tag unseres vereinbarten Treffens fuhr ich die lange, von Bäumen gesäumte Zufahrtsstraße zu ihrer kleinen Hobbyfarm entlang. Es war tiefer Winter – kalt, grau und düster – und an den Bäumen war kein einziges Blatt. Ein typischer Januartag in Atlanta.

Ich fuhr in die Einfahrt und wappnete mich gegen die Kälte, die mich gleich wie ein unwillkommener Weckruf treffen würde. Ich bin kein Fan des Winters – es ist einfach zu kalt! Ich mag die Wärme des Sonnenscheins und eine sanfte Brise. Ich liebe Flipflops, und ich hasse es, mehrere Lagen Kleidung übereinander zu tragen.

Ich stieg aus, schnappte meine kuschelige Daunenjacke vom Rücksitz und schlüpfte schnell hinein. Janet, die ebenfalls dick eingepackt war, kam heraus, um mich zu begrüßen.

In meinen Jahren als Haustiersitterin wurde ich mit wunderbaren Kunden gesegnet, und ich kann ehrlich sagen, dass jeder Einzelne von ihnen, einschließlich Janet, sehr freundlich und umgänglich war. Sie fragte mich, ob ich bereit sei, mir die Hühner anzusehen. Ich bejahte, und wir gingen plaudernd einen schlammigen Weg an ihrer Garage vorbei zu einer großen, eingezäunten Wiese, auf der unzählige Hühner herumrannten. Sie hatten uns kommen sehen und schienen sehr aufgeregt zu sein.

Janet führte mich in den Stall und wies mich ein. Sie hatte jedem Huhn einen Namen gegeben und konnte sie voneinander unterscheiden. Ich überlegte, ob ich mir die Namen und Beschreibungen notieren sollte, aber mir wurde schnell klar, dass das nutzlos wäre, weil die Hennen für mich praktisch identisch aussahen. Mir fiel auch kein Grund ein, warum ich sie je auseinanderhalten müssen würde.

Plötzlich stürmte geräuschvoll eine kleine, seltsam aussehende Henne auf uns zu. Sie hatte ein weißes Gefieder und auf ihrem Kopf thronte eine Krone aus Federn. Janet sah meinen verwirrten Gesichtsausdruck und sagte: »Er ist ein polnischer Hahn. Das ist Rocko.«

Rocko starrte mich durch all die wilden, weißen Federn, die bis über seine Augen hingen, an. Er reckte den Kopf von einer Seite zur anderen, wie um besser sehen zu können, aber ich fragte mich, wie er überhaupt etwas sehen konnte. Als er bedächtig davonschritt, klärte Janet mich über ihn auf.

»Er ist ziemlich kleinlich«, sagte sie kichernd. »Er hat eine Art Napoleon-Komplex, aber er ist der einzige Hahn im Stall, deshalb glaubt er, die Rolle des Beschützers einnehmen zu müssen. Ignorieren Sie ihn einfach, dann wird er sich verziehen.«

Ich beschloss, im Zweifelsfall zu seinen Gunsten zu entscheiden und warf ihm einen verständnisvollen Blick zu.

Als wir wieder durch das Tor gingen, konnte ich Rocko noch aus dem Augenwinkel sehen. Er rannte neben uns her, wie um mir eine letzte Warnung zukommen zu lassen, dass er hier das Sagen hatte. Ich lachte und folgte Janet zurück zu meinem Auto. Sie freute sich, dass ich mich bereit erklärt hatte, auf ihre Hennen aufzupassen, und versicherte mir, dass alles gut gehen würde.

Mein erster Einsatz war zwei Wochen später. Es war ein kalter und nasser Tag, und so zog ich meine schwarze Kapuzenjacke an. Es regnete jedoch so stark, dass die Wassertropfen von meinen halb erfrorenen Fingern in meine Ärmel hineinliefen.

Doch das Wetter konnte meine gute Laune nicht trüben. Ich freute mich darauf, die Hühner zu sehen und ein paar Eier einzusammeln. Ich liebe es, Eier einzusammeln. Einen Korb mit frisch gelegten Eiern zu füllen, ist etwas ganz anderes, als in einem Supermarkt einen Karton Eier zu kaufen. Für mich ist das eine ziemlich sterile und leidenschaftslose Angelegenheit.

Im Auto setzte ich meine Kapuze auf und schlüpfte in meine Gummistiefel. Dann stieg ich aus und ging zur Rückseite des Hauses. Janet hatte an der Hintertür einen Korb für die Eier deponiert.

Den Korb in meiner Hand schwingend, ging ich den schlammigen Pfad zum Hühnerstall hinunter. Mehrere Hühner waren außerhalb der Einzäunung und begrüßten mich. Janet hatte mir gesagt, dass das in Ordnung war. Sie liebten es, umherzustreuen, aber wenn es dunkel wurde, flogen sie immer wieder zurück über den Zaun, um im Stall zu schlafen.

Unbeschwert öffnete ich das Tor und trat auf die Wiese. Doch bevor ich mich auch nur umsehen konnte, schlug mir etwas hart an den Kopf! Verwirrt fuhr ich herum. War etwas vom Himmel gefallen, oder...? Noch bevor ich meinen Gedanken zu Ende denken konnte, spürte ich auch schon den nächsten Schlag.

Diesmal konnte ich mich schnell genug umdrehen, um zu sehen, wie Rocko mit ausgestreckten Flügeln, fliegenden Federn und dem gemeinsten Gesichtsausdruck, den ich je bei einer Henne gesehen hatte, auf mich zuraste. Ich ließ den Eierkorb fallen und lief, so schnell ich konnte, auf die kleine Scheune zu. Ich kam jedoch nur schwer voran, weil ich in dem Matsch ständig stolperte und ausrutschte. Etwa auf halber Strecke schlug Rocko mich erneut auf den Hinterkopf, und ich war dankbar für den Schutz, den meine Kapuze mir gewährte.

Ich schrie bei jedem Schritt bis zur Scheune, in der ich hoffte, meinem Angreifer zu entkommen. Als ich sie endlich erreicht hatte, kauerte ich mich in der hintersten Ecke nieder. Wo war Rocko? War er immer noch hinter mir her? Wollte er mir die Augen aushacken? Ich war völlig außer Atem und hyperventilierte fast. *Oh Herr, was ist mit diesem verrückten Vogel los?*

Nachdem ich mich wieder ein wenig beruhigt hatte, konzentrierte ich mich auf den Scheuneneingang und wartete, ob Rocko, der durchgedrehte Hahn, mir folgen würde. Glücklicherweise schien er das Interesse an mir verloren zu haben. Ich stieß einen zittrigen Seufzer der Erleichterung aus und fragte mich, was ich tun sollte. Ich fürchtete mich davor, die Sicherheit meiner Ecke in der Scheune zu verlassen, aber ich hatte hier meine Arbeit zu erledigen!

Ich sprach mir selbst Mut zu: *Das ist nur ein Vogel, ein kleiner Hahn, der gerade mal zwei Pfund wiegt und offensichtlich irgendetwas beweisen muss. Was kann er mir schon antun?*

Die Worte ergaben einen Sinn, aber der Gedanke, wieder in Rockos Nähe zu kommen, ängstigte mich.

Ich holte tief Luft und kroch langsam aus der Scheune, wodurch ich mich selbst wieder der verrückten Kreatur aussetzte. Schnell sah ich mich um und erblickte ihn bei den Hennen einige Meter von mir entfernt. Er pickte auf dem Boden, als hätte der Terror gegen die Haustiersitterin nie stattgefunden. *Vielleicht hat er mich von meinem letzten Besuch einfach nicht wiedererkannt und hat sich jetzt beruhigt,* dachte ich. Ohne Rocko aus den Augen zu lassen, ging ich vorsichtig zu der Stelle, an der ich vorhin den Eierkorb hatte fallen lassen. Er schien mich aus dem Augenwinkel zu beobachten, als würde er nur darauf warten, dass ich eine falsche Bewegung machte, die ihm einen Grund gab, mich erneut anzugreifen.

Während meines gesamten Aufenthalts hatte ich stets ein Auge auf Rocko. Wenn alle Hähne so waren, wollte ich nie wieder auf einen von ihnen aufpassen.

Ich schaffte es, alle meine Aufgaben zu erledigen und auch die Eier einzusammeln, ohne dass es zu einer weiteren Konfrontation mit Rocko kam. Dann nahm ich den vollen Korb und ging zum Tor, nicht ohne mich alle paar Schritte umzusehen und zu prüfen, wo sich dieser wuschelköpfige, verrückte Hahn befand. Er war nirgends zu sehen, worüber ich sehr froh war.

Als ich mich dem Tor näherte, seufzte ich erleichtert auf. Doch kurz bevor ich es erreicht hatte – *bums!* Ja, eine Federbombe, die meinen ganzen Körper erschütterte, traf mich mitten auf meinem Rücken. Ich musste mich nicht umdrehen; ich wusste, wer das gewesen war. Mit einem weiteren Schrei rannte ich die letzten Stufen zum Tor hinauf und versuchte mit meinen vor Kälte steifen Händen verzweifelt, so schnell wie möglich das Schloss aufzubekommen, ohne dass mir dabei die Eier auf den Boden fielen.

Auf der anderen Seite des Tors angelangt, sah ich Rocko, der mir mit stolzgeschwellter Brust hinterhersah. Er hatte es geschafft. Er hatte mich aus seinem Herrschaftsbereich vertrieben; seinen Feind besiegt. Er warf mir einen Blick zu, als wolle er sagen: *Und komm ja nicht zurück!* Dann stolzierte er davon.

Während ich nach Hause fuhr, versuchte ich, die Geschehnisse in die richtige Perspektive zu rücken. Schließlich stand ich an der Spitze der Nahrungskette. Verglichen mit Rocko hatte ich eine höhere Intelligenz. Wie war es also möglich, dass mich ein Hahn mit einem Spatzenhirn so in Angst und Schrecken versetzte? Was konnte er mir schon antun? Ja, er hatte mich gerammt, aber seine Attacken hatten nicht wirklich geschmerzt. Und ja, er hatte Klauen, die wahrscheinlich rasiermesserscharf waren. Aber wenn ich gewollt hätte, hätte ich ihn vermutlich mit einer Hand in der Luft schnappen können.

Diese Vorstellung ließ mich kichern und mein einigermaßen gesunder Menschenverstand setzte wieder ein. Wenn ich am Abend wiederkäme, um die Hühner für die Nacht zu versorgen, würde ich auf Rocko vorbereitet sein. *Kein tyrannischer Hahn wird dich davon abhalten, deine Arbeit zu tun!*, sagte ich mir.

Meine Aufgabe am Abend bestand darin, dafür zu sorgen, dass alle Hühner im Stall waren, und ihn dann zu verschließen. Janet hatte mir gesagt, dass mehrere Hühner von Füchsen und Waschbären getötet worden waren, bevor sie einen sicheren Stall für sie gebaut hatte.

Es ist erstaunlich, wie schnell Hühner eine Routine lernen. Janet sagte, ihre Hühner würden nicht eine Minute, bevor es dunkel wurde, in die Scheune gehen, und genauso war es. Erst als die Dunkelheit hereinbrach, strömten sie in den Stall. Drinnen gingen sie sofort an ihren jeweiligen Lieblingsplatz. In meiner neu gewonnenen Zuversicht suchte ich den Hof nach Rocko ab, bereit, meinen Stand einzunehmen, wenn er mich herausforderte. Zu meiner Überraschung ignorierte er mich jedoch gänzlich und ging mit den anderen Hühnern in die Scheune. Mit einem dankbaren Gebet schloss ich die Scheunentür und legte den Riegel vor.

Als alle für die Nacht sicher untergebracht waren, fuhr ich nach Hause, erleichtert darüber, dass Rocko sich benommen hatte.

Am nächsten Morgen ging ich mit dem leeren Eierkorb in der Hand zur Scheune, um die Hühner herauszulassen und meine morgendlichen Aufgaben zu erledigen. Als ich die Tür öffnete und mich kurz umsah, war ich begeistert, wie viele Eier ich diesmal vorfand. Am Tag zuvor waren es nur 14 Stück gewesen. Doch falls ich geglaubt hatte, sie jetzt einsammeln zu können, musste ich mich eines Besseren belehren lassen.

Direkt hinter der Tür stand Rocko. Seine volle Aufmerksamkeit war auf mich gerichtet. Ich holte tief Luft und sagte mir, dass ich mich von ihm nicht würde einschüchtern lassen. Doch als ich die ersten Schritte machte, flog Rocko wieder auf mich zu, und diesmal spürte ich, wie seine Federn meine Wange berührten. Schreiend rannte ich wieder hinaus.

Als ich mich umdrehte, stand Rocko vor dem Scheuneneingang, die Augen fest auf mich gerichtet. Ganz offensichtlich würde er seine Position nicht verlassen. Ich fühlte mich hilflos und besiegt.

So langsam machte mir der Job keinen Spaß mehr.

Neben dem Hühnerstall stand ein kleiner Schuppen voller Werkzeuge und Krimskrams. Meine Augen fielen auf einen großen Besen, der an der Außenwand lehnte. Er hatte eine breite Bürste – perfekt, um damit einen tyrannischen Hahn in die Flucht zu schlagen.

Ich schnappte ihn mir und zog meine Kapuze auf. Mit einer Waffe in der Hand fühlte ich mich besser gerüstet für den Kampf. Ich ging zurück zur Stalltür, schob sie ganz auf und ging zuversichtlich hinein. Rocko rannte auf mich zu, aber er attackierte mich nicht. Während ich den Besen hochhielt, wagte ich mich ein paar weitere Schritte vorwärts, bereit, *ihn* zu attackieren, wenn es nötig war.

In diesem Moment stürzte sich Rocko von hinten auf mich. Ich schrie (schon wieder!) und rannte auf die Stalltür zu. Aber diesmal wurde ich gebremst. (Hast du schon einmal versucht, mit einem Besen in der Hand zu rennen?)

Ich drehte mich um und schwang den Besen vor meinem Verfolger hin und her. Rocko flog ein, zwei Meter zurück. Er sah nicht glücklich aus. Unter seinem wilden »Federhut« konnte ich nur eines seiner Augen sehen, und dieses war auf mich fixiert. »Geh raus hier!«, schrie ich. Er wich zurück. Anscheinend verlor er das Interesse daran, mich zu tyrannisieren, und folgte schließlich den anderen Hühnern nach draußen.

Ich suchte Zuflucht im Gebet. *Herr, was kann ich gegen diesen gemeinen Hahn unternehmen? Er ist fest entschlossen, meine Arbeit unmöglich zu machen! Ich brauche deinen Schutz und dein Eingreifen.* Dann fiel mir ein, dass ich diesen Job angenommen hatte, ohne meiner Kundin zu sagen, dass ich keine Erfahrung mit Hähnen hatte, und dass ich auf das, was ich zugesagt hatte, nicht vorbereitet gewesen war.

Der Herr behütet dich, wenn du kommst und wenn du wieder gehst, von nun an bis in Ewigkeit.

Psalm 121,8

Schon viel zu oft hatte ich irgendetwas zugesagt, auf das ich letztlich nicht vorbereitet gewesen war, weil ich nicht zuerst Gott um seine Führung gebeten hatte. Ohne seinen Segen und seine Führung bringen wir uns leicht in Schwierigkeiten. Möglicherweise betreten wir ein Schlachtfeld ohne eine Waffe. Dann sind wir verwundbar und schutzlos gegen Angriffe.

Das ist es, was der Feind unserer Seele tut – er greift an. Wie Rocko attackiert er uns aus allen Richtungen, und wenn wir Gott nicht an unserer Seite haben, wird uns keine Waffe vor ihm schützen.

Ich betete und gestand dem Herrn ein, dass ich wusste, dass ich nur deshalb in dieser Situation war, weil ich nicht vorher mit ihm darüber gesprochen hatte. Ich glaubte, ich käme allein mit einem Hahn zurecht, aber selbst in einer scheinbar unbedeutenden Situation brauchte ich Gott. Das tun wir alle.

Während der gesamten Zeit meines Aufenthalts behielt ich Rocko sehr genau im Auge, genauso wie er mich. Er ging an diesem Morgen noch einige Male auf mich los, aber ich schwang ihm jedes Mal den riesigen Besen entgegen. Das hielt ihn auf Distanz, während ich meinen Pflichten nachkam.

Der Rest der Woche verlief nach demselben Muster. Ich betrat das Hühnergehege mit dem Besen in der Hand und schwang ihn hin und her, während ich zur Scheune rannte. Glücklicherweise bekam Rocko nie einen Schlag ab. Ich hätte mich schrecklich gefühlt, wenn das passiert wäre. Aber es gab keine andere Möglichkeit, wie ich ihn davon abhalten konnte, mich anzugreifen!

Als Janet und ihr Mann aus ihrer Urlaubswoche zurückkamen, erzählte ich ihr, wie es mir mit Rocko ergangen war. Ich gestand ihr auch, dass ich noch nie zuvor für einen Hahn gesorgt hatte. Sie lachte und sagte, Rocko habe ihr hin und wieder auch schon nachgejagt, aber nicht auf die Art und Weise, wie er es bei mir getan hatte. Sie war begeistert, dass ich meine Arbeit trotzdem fortgesetzt und Beistand in einem Besen gefunden hatte.

In der folgenden Woche rief Janet mich an und sagte mir, dass Rocko nun auch sie angegriffen hätte. Bei seinen Attacken auf mich hätte er wohl an Selbstvertrauen gewonnen. Sie sagte, wenn sich das nicht läge, wären seine Tage gezählt. Es täte ihr sehr leid, was ich hatte ertragen müssen. Jetzt könnte sie meine Schilderungen aus erster Hand nachvollziehen.

Nachdem Janet eine Woche lang nur noch mit dem Besen in das Hühnergehege gegangen war, trat Rocko seinen letzten Kampf an. Janet gewann und er tat mir leid. Er glaubte, nur seiner Aufgabe nachzukommen und die Hennen zu beschützen. Aber mittlerweile war er nicht mehr nur ein Ärgernis, sondern eine Gefahr. Niemand konnte mehr das Hühnergehege betreten, ohne angegriffen zu werden. Dennoch hatte ich auf ein besseres Ende gehofft.

Einige Tage später bat Janet mich um einen kurzen Besuch, weil sie mir etwas zeigen wollte. Als ich ankam, führte sie mich zum Hühnergehege hinunter. Mein erster Impuls war, nach Rocko Ausschau zu halten und mir den Besen zu schnappen! Ich lachte in mich hinein, obwohl ein Teil von mir traurig war, dass er nicht mehr da war. Trotzdem war es eine Erleichterung, keinen kampflustigen Hahn mehr abwehren zu müssen.

Janet brachte mich zu einem kleinen Gehege, das komplett mit Draht eingefasst war. Darin saß ein Huhn mit gespreizten Flügeln. Unter ihnen nahm ich eine Bewegung wahr, und dann sah ich vier, fünf ... nein, sechs winzige Küken! Ich quietschte vor Begeisterung. Ich hatte noch nie zuvor Babyhennen mit ihrer Mutter gesehen.

Wow, dachte ich. *Sie sammeln ihre Küken unter ihren Flügeln, halten sie warm und beschützen sie.* Innerlich lächelte ich und sagte zum Herrn: *Ich verstehe, Gott. Es ist genau so, wie du es in deinem Wort sagst: Du willst uns unter deinen Flügeln sammeln wie eine Mutterhenne und uns beschützen. Und du hast mich jeden Tag vor Rocko beschützt, obwohl ich ohne deine Führung auf das Schlachtfeld gegangen bin.*

Janet sagte mir, dass die Küken Rockos Nachkommen waren; er war der einzige Hahn im Stall gewesen. Das tröstete mich ein wenig. Rocko hatte Spuren hinterlassen, obwohl sein Leben ein vorzeitiges Ende gefunden hatte.

Im Laufe der nächsten Jahre passte ich noch einige Male auf Janets Hühner auf. Einer von Rockos Nachkommen war ebenfalls ein Hahn. Glücklicherweise hatte er seine Veranlagung nicht geerbt und ich brauchte den Besen nie wieder.

Lieber Herr, wie kann ich dir je für die vielen Gelegenheiten danken, in denen du mich beschützt hast – selbst in den Situationen, in denen ich nicht einmal wusste, dass ich in Gefahr war? In deinem Wort heißt es, du beschützt deine Kinder bei ihrem Kommen und ihrem Gehen. Vergib mir, wo ich ohne deine

Führung das Land des Feindes betreten habe. Aber auch in diesen Situationen hast du über mich gewacht. Hilf mir, deine Stimme zu hören, wenn ich mich von dir entferne. Ich bin dankbar, dass du mich unter deinen schützenden Flügeln bewahren willst wie eine
Henne ihre Küken. Ich bete im Namen deines kostbaren Sohnes. Amen.

4

Sina — eine Lektion in Sachen Vertrauen

Doch wenn ich Angst habe, vertraue ich dir.
Psalm 56,4

Ohne Vertrauen kann es keine wirkliche Beziehung geben und das gilt auch für unsere Beziehung zu Tieren. Ein nervöser Australian Shepherd namens Sina hatte große Probleme damit, zu vertrauen, und als ich auf sie aufpasste, während ihre Familie in Urlaub war, unterzog sie meine eigenen Probleme mit dem Vertrauen einer harten Prüfung.

Auch ich besitze einen Australian Shepherd. Ihr Name ist Bella und sie ist die treueste und vertrauensvollste Hündin, die ich je hatte. Australian Shepherds sind gegenüber ihren Familien extrem loyal und wollen zu jeder Zeit über jede Situation die Kontrolle besitzen. Deshalb sind sie auch ausgezeichnete Hütehunde.

Aber diese wunderbare Eigenschaft kann auch ein Nachteil sein. Manche dieser Hunde misstrauen jedem, der nicht zu ihrem »Rudel« gehört, und ihre Treue für ihre Familien kann so weit gehen, dass sie größte Mühen auf sich nehmen, um in ihrer Nähe zu sein.

Eines Tages bekam ich einen Anruf von Sinas Besitzerin Sue. Sie sagte mir, dass Sina niemandem außer ihren Familienmitgliedern erlaube, sie zu streicheln oder ihr auch nur nahe zu kommen. Manchmal sei sie Fremden gegenüber sogar aggressiv, und sie hätte extreme Angst, wenn ihre Familie sie allein zu Hause ließe. Deshalb hätten sie noch nie einen richtigen Urlaub gemacht, doch das solle sich jetzt ändern.

Sue bat mich um einen Besuch, damit ich Sina und den Rest der Familie kennenlernen und mir ihren Plan anhören konnte. Sie hoffte, dass es ihnen mithilfe dieses Plans möglich wäre, für zwei Wochen in den lang ersehnten Urlaub zu fahren.

An einem heißen Nachmittag im August fuhr ich also anhand der Wegbeschreibung, die ich mir notiert hatte, zum Haus der Familie. Kurz vor meinem Ziel versäumte ich jedoch die Abzweigung in das betreffende Wohngebiet. Zum Glück war ich für den Fall, dass ich mich verfuhr, rechtzeitig losgefahren. Ich weiß, dass ich nicht den besten Orientierungssinn habe. Das kann jeder, der mich kennt, bestätigen. Um ehrlich zu sein, besitze ich überhaupt keinen Orientierungssinn. Ganz gleich, wie oft ich mir Orientierungspunkte merke oder versuche, mir Straßennamen einzuprägen, lande ich nie dort, wo ich eigentlich hin will.

Frustriert suchte ich nach einer Möglichkeit zum Wenden. Da fiel mir eine kleine, weiß getünchte Kirche ins Auge. Vor ihr stand ein Schild mit der Aufschrift »Grace Church«. Ich hatte schon vorher auf der Hauptstraße ein Hinweisschild zu dieser Kirche gesehen. Fast reflexartig begann ich, leise »Amazing Grace« vor mich hin zu singen. Das Wort »Gnade« rührte irgendetwas in meinem Geist an. Ich fuhr auf den Parkplatz, wendete und bog dann in das Wohngebiet ab. Zum Glück kam ich trotzdem noch pünktlich an.

Die Familie lebte in einer ruhigen Gegend. In ihrem großen Vorgarten sah ich zwei kleine Mädchen, die mit einem Hund spielten. Das musste Sina sein. Sue und ihr Mann Rob waren ebenfalls im Garten, um mich zu begrüßen. Während wir die ersten Worte wechselten, stand Sina dicht neben Meg, dem älteren der beiden Mädchen.

Sina war ein sehr schönes Tier. Sie war schlank, wie meine Bella, und hatte ein schönes rotbraunes Fell mit weißen Flecken, die fast aussahen wie Sommersprossen. Diese Farbgebung wird Merle-Faktor genannt. Auch ihre Augenfarbe passte zu den Rottönen in ihrem Fell. Ich spürte Sinas Nervosität, als ich ihrer Familie auf die Veranda folgte und wir uns alle auf die Betonstufen setzten.

Sue erzählte mir mehr über Sinas Trennungsängste. Sie waren so schwerwiegend, dass die Familie nirgends ohne sie hingehen konnte, wenn nicht Sues Schwiegermutter Angela Zeit hatte, auf sie aufzupassen. Sina kannte Angela, seit sie ein Welpe gewesen war, deshalb betrachtete sie sie als Mitglied der Familie. Doch Angela war älter geworden und es war jetzt sehr anstrengend für sie, auf Sina aufzupassen, vor allem, wenn die Familie länger als ein paar Stunden weg war.

Sinas Familie wollte versuchen, sie vor ihrem Urlaub über einige Wochen hinweg an jemand anderen zu gewöhnen, damit sie nicht das Gefühl hatte, sie würden sie bei einem Fremden zurücklassen. Ich hielt das für einen wunderbaren Plan, und es zeigte mir, wie sehr sie ihre Hündin liebten und wie sehr sie sich wünschten, dass sie glücklich und zufrieden war, während sie weg waren.

Sue und Rob baten mich, sie ein paarmal in der Woche zu besuchen und jeweils etwa eine Stunde Zeit mit Sina zu verbringen. Wenn alles lief wie erhofft, würde sich der Hund schließlich bei mir wohlfühlen und es wäre ein nahtloser Übergang, wenn sie dann wegfuhren.

Schon während dieses ersten Treffens tat ich alles, um Sinas Vertrauen zu gewinnen. Ich warf den Ball für sie und sie brachte ihn mir zurück. Das gefiel ihr mehr als jedem anderen Hund, den ich kannte. Die Familie sagte, sie würde das stundenlang machen, wenn ihr menschlicher Partner dazu bereit sei.

Sina und ich spielten etwa 15 Minuten, während ihre Familie in der Nähe stand. Wieder und wieder warf ich einen blauen Ball durch den Garten und sie brachte ihn mir jedes Mal treu zurück. Ich war so begeistert! Es fühlte sich für mich an, als würden sie und ich bereits Freunde werden. Ich lobte sie jedes Mal, wenn sie mir den Ball zurückbrachte.

Ich kam zu dem Schluss, dass meine Zeit mit Sina viel besser verlaufen war, als ich erwartet hatte. Doch obwohl sie mein Lob annahm, wollte sie sich nicht von mir berühren lassen.

Bevor ich ging, vereinbarten wir noch einige weitere Termine. Dann verabschiedete ich mich von einer hoffnungsvollen Familie und einem Hund, der mit einem schleimigen blauen Ball im Maul dicht neben ihnen stand.

Trotz des schnellen Erfolgs war ich ein wenig nervös, weil ich nicht wusste, ob es mir gelingen würde, Sinas Vertrauen zu gewinnen. Was wäre, wenn ich es nicht schaffte? Was wäre, wenn die Familie ihren geplanten Urlaub nicht antreten konnte? In all den Jahren, in denen ich nun als Haustiersitterin arbeitete, hatte ich mir nie Sorgen darüber gemacht, ob ein Tier mir vertrauen würde. Es schien immer so einfach zu sein. Aber diese Situation fühlte sich anders an. Es hing so viel von meinem Erfolg ab ... oder meinem Misserfolg.

Als ich Sinas Nachbarschaft verließ, kam ich an die Kreuzung, an der ich es vorher versäumt hatte, abzubiegen. Auf der anderen Straßenseite war ein Pfeil mit der Aufschrift »Grace Church«. Ich lächelte und dachte, dass sicher niemand diese kleine Kirche verfehlen konnte. Ich sprach ein schnelles Gebet und bat Gott um seine Gnade und seine Hilfe, Sinas Vertrauensproblem zu überwinden.

Eine Woche später fuhr ich zu einem weiteren Besuch zu der Familie. Auf dem Weg stellte ich mir vor, wie ich mich Sina nähern würde, und versuchte, mir Möglichkeiten auszudenken, wie ich ihr Vertrauen gewinnen konnte. Diesmal verpasste ich die Abzweigung nicht, weil ich mich an der Grace Church orientieren konnte. Tatsächlich wurde diese Kirche mein Orientierungspunkt für all meine folgenden Besuche. Und was noch wichtiger war: Die Kirche und die Hinweisschilder auf ihren Standort erinnerten mich daran, dass Gott immer bei mir war, ganz gleich, welche Herausforderung vor mir lag.

Ich fuhr in die Einfahrt der Familie und sah, dass Rob auf der Veranda mit Sina auf mich wartete. Er begrüßte mich am Fuß der Treppe, drückte mir den blauen Ball in die Hand und ging. Ein wenig sprachlos stand ich da. Dann sah ich zu Sina, die ängstlich beobachtete, wie sich ihr Besitzer entfernte.

Mach jetzt bloß keinen Fehler, sagte ich mir. Zuversichtlich wedelte ich mit dem Ball vor Sina herum und sagte: »Los, Mädchen!« Ich warf den Ball quer durch den Garten und sie rannte ihm sofort hinterher, nahm ihn auf und brachte ihn mir zurück. Doch sobald ich ihn ihr abgenommen hatte, sah sie mich mit einem panischen Ausdruck an und lief in den hinteren Garten, wo sie Rob vor wenigen Augenblicken hatte verschwinden sehen.

All meine Zuversicht fiel in sich zusammen. Ich rief ihren Namen und rannte hinter ihr her. Als ich um die Hausecke kam, sah ich sie an Robs Seite. Er schenkte mir ein tröstendes Lächeln, bevor wir alle zusammen in den Vorgarten zurückgingen. Ich warf den Ball ein weiteres Mal, aber diesmal brachte Sina ihn zu Rob.

Diese Szene wiederholte sich in den nächsten drei Wochen immer wieder. Sina brachte mir genau ein Mal den Ball zurück, doch sobald wir Augenkontakt hatten, verhielt sie sich, als sähe sie mich zum ersten Mal. Dann lief sie an einen sicheren Ort oder suchte eines der Familienmitglieder. Ich machte absolut keine Fortschritte mit ihr.

Warum erinnerte sie sich nicht an all die Zeit, die ich mit ihr verbracht hatte? Warum war sie immer noch so ängstlich und konnte mir nicht vertrauen? Leider wusste ich tief in meinem Innern, dass Sina und ich uns sehr ähnlich waren.

Gott wusste das auch.

Genauso wie ich war Sina zwischen Vertrauen und Furcht hin- und hergerissen. Sie vertraute mir zwar für eine kurze Zeit, doch sobald sie merkte, dass ihre Familie nicht mehr in Sichtweite war, lief sie panisch los und suchte nach ihnen. Ein Hund baut nicht automatisch Vertrauen auf. Und dasselbe gilt für uns Menschen. Aber wir haben die Fähigkeit, im Glauben einen Schritt vorwärts zu gehen und genau das zu tun, was oft so schwierig für uns ist: Dem einen zu vertrauen, der uns von unseren Ängsten heilen kann.

Ich fragte mich, warum Sina das nicht auch konnte. Warum erkannte sie nicht, dass ich vertrauenswürdig war? Warum sah sie nicht, dass ich ihr nichts Böses wollte, sondern es nur gut mit ihr meinte? Warum vertraute sie nicht auf meine Liebe zu ihr? Wenn sie mir nur vertrauen könnte, wäre alles in Ordnung.

In diesem Moment hörte ich Gott reden. Er stellte mir dieselben Fragen.

Ich war wie Sina, wenn sie den Ball holte. Solange ich meiner Routine folgte, war alles bestens. Doch sobald ich aus meiner Komfortzone hinausgedrängt wurde, wich mein Vertrauen der Furcht. Statt meine Augen auf den einen gerichtet zu halten, der unseres Vertrauens würdig ist, lief ich panisch weg und suchte nach irgendjemandem oder irgendetwas, das mir half, mich besser zu fühlen. Ich wollte nicht im Glauben vorwärtsgehen müssen. Ich fürchtete mich davor, zu vertrauen. Ich wollte nur wieder an einen mir bekannten und tröstlichen Ort gelangen.

Ich wusste, ich musste geduldig mit Sina sein, genauso wie Gott immer geduldig mit mir war. Sie hatte noch nie jemandem außerhalb ihrer Familie vertraut. Im Laufe der Zeit geriet ich jedoch zunehmend unter Druck, weil das geplante Abreisedatum der Familie mit großen Schritten näher rückte. Ich fragte Sue und Rob, ob ich sie in den nächsten beiden Wochen öfter besuchen durfte, und sie stimmten zu.

Als Sina und ich eines Tages wieder Ball spielten, diesmal im hinteren Garten, brachte sie ihn mir zurück und tat dann etwas ganz Erstaunliches: Sie setzte sich zu meinen Füßen nieder und sah mir direkt in die Augen. Sie lief nicht weg. Und sie hatte auch diesen *Ich-habe-dich-noch-nie-zuvor-gesehen*-Blick nicht mehr in den Augen! Sie wartete nur darauf, dass ich den Ball wieder warf. Mit vorsichtigem Optimismus tat ich es.

Sie brachte ihn zurück und setzte sich erneut zu meinen Füßen hin. Während der nächsten 30 Minuten spielte Sina mit mir und ich war ganz aufgeregt vor Freude. Danach ließ sie sich von mir streicheln. Ich konnte es kaum erwarten, der Familie die Neuigkeiten zu berichten.

Es standen noch einige weitere Besuche auf dem Plan und jedes Mal machten wir Fortschritte. Hin und wieder erlaubte Sina mir, sie zu streicheln, und wenn ich mich, nachdem wir mit dem Ball gespielt hatten, auf die Stufen der Veranda setzte, kam sie manchmal zu mir und setzte sich neben mich. Doch immer, wenn ich glaubte, ich hätte ihre Angst durchbrochen, schnappte sie nach mir.

Während ich an meiner Beziehung zu Sina arbeitete, baute Rob einen Zaun um den Garten, damit sie sich während ihrer Abwesenheit auch dort frei bewegen konnte. Er hoffte, dass sie sich so zwischen meinen täglichen zwei Besuchen während des Urlaubs der Familie wohlfühlen würde.

Einige Tage, bevor sie losfahren sollten, stellte Rob den Zaun fertig und sicherte alle Ecken und Winkel. Das verschaffte Sina die Zeit, sich an die neuen Gegebenheiten und ihre neue Hundeklappe, durch die sie ins Haus hinein und wieder hinausgelangte, zu gewöhnen. Alles schien gut zu sein, als der große Tag kam.

Ich freute mich so sehr über die Fortschritte, die ich mit Sina gemacht hatte. Obwohl es viel länger gedauert hatte als erhofft, fühlte sie sich schließlich wohl bei mir. Sie kam, wenn ich sie rief, und sie blieb bei mir, wenn ich mich nach unserem Ballspiel auf die Stufen der Veranda setzte. Sinas Familie war zuversichtlich, dass sie sie in meiner Obhut lassen konnten. Sie hatten auch mit Angela abgesprochen, dass sie einmal am Tag vorbeikommen würde, damit der Hund noch ein anderes vertrautes Gesicht sah.

Es war vereinbart worden, dass ich Sina am Abend des ersten Urlaubstages der Familie besuchen sollte. Ich wollte eine Weile mit ihr Ball spielen und ihr dann etwas zu fressen geben. Als ich den mir mittlerweile vertrauten Weg zu Sina fuhr, wusste ich, dass jetzt alles von dem Vertrauen abhing, das ich bei ihr gewonnen hatte. Ich war stolz auf Sina, dass sie es sich gestattete, jemandem nahe zu kommen, der ihr nur wenige Wochen zuvor noch völlig fremd gewesen war. Aber vor allem war ich Gott dankbar, dass er mir bei dieser Herausforderung geholfen hatte. Die Fortschritte, die wir gemacht hatten, erfüllten mich mit Zuversicht, und ich glaubte, es würde alles gut laufen.

Sina begrüßte mich begeistert an der Tür, doch als sie mich erkannte, ließ ihr Gesichtsausdruck keinen Zweifel daran, dass ich nicht diejenige war, die sie erwartet hatte. Sie lief sofort in einen anderen Raum und begann zu bellen. Ich folgte ihr, rief ihren Namen und sprach sanft zu ihr, wie ich es mir angewöhnt hatte, aber sie bellte weiter und ließ mich nicht an sich heran.

Das war nicht das, was ich mir erhofft hatte.

Dann knurrte sie mich an und die Furcht und das Misstrauen in ihren goldbraunen Augen zerrissen mir das Herz.

Es fällt mir schwer, die Gefühle, die ich an diesem Tag durchlebte, zu beschreiben, aber ich denke, ich fühlte mich so, wie Gott sich fühlt, wenn diejenigen, die er so sehr liebt, all die schwierigen Situationen, in denen er sie begleitet und sich als vertrauenswürdig erwiesen hat, vergessen haben.

Gott führte die Israeliten aus der Gefangenschaft in Ägypten und ließ sie trockenen Fußes in Sicherheit gelangen, indem er das Rote Meer teilte (siehe 2. Mose 14,21). Aber später vergaßen die

Menschen, was er getan hatte, und hörten auf, ihm zu vertrauen. Indem sie ihre Augen von ihm nahmen, ließen sie zu, dass die Furcht in ihren Herzen Wurzeln schlug. Sie machten sich Götzen aus Gold und glitten zurück in ihre Komfortzone.

Wie oft habe ich schon dasselbe getan? Aber dennoch ist Gott immer geduldig. Und auch ich musste gegenüber Sina weiterhin geduldig bleiben.

Langsam ging ich in die Küche und versuchte, ihr unaufhörliches Bellen und Knurren zu ignorieren. Ich wollte ihren Ball holen und sie nach draußen locken. Gleichzeitig befürchtete ich jedoch, dass sie weglief, wenn wir im vorderen Garten spielten. Wie sollte ich sie dann je wiederfinden? Sina beobachtete jede meiner Bewegungen. Als ich den Ball von der Küchentheke nahm, beruhigte sie sich und steuerte auf die Vordertür zu. Ich fragte mich: *Soll ich die Chance nutzen und sie vorn hinauslassen? Lieber Herr, bitte lass sie nicht ausreißen.*

»Bist du bereit, Mädchen?«, fragte ich ruhig, während ich ihr folgte. Sie warf mir einen Blick zu und sah dann wieder zur Tür. Ich öffnete sie und hielt den Atem an. Angst überkam mich. Ich fühlte mich, als sei ich gerade von einer Klippe gesprungen. Als ich rief: »Lass uns spielen!«, lief Sina zur Tür hinaus.

Auf der Veranda wich die Furcht in ihren Augen einem begeisterten Schwanzwedeln. Ich warf den Ball, während mein Herz so heftig klopfte, dass ich es fast hören konnte. Ihre Krallen verursachten ein kratzendes Geräusch, als sie die Betonstufen hinunterlief. Dann holte sie den Ball und legte ihn zu meinen Füßen auf der

Veranda ab. Schnell warf ich ihn erneut, weil ich ihr nicht die Zeit geben wollte, wieder in Furcht zu verfallen.

Jedes Mal, wenn ich den Ball warf, lief sie ihm nach und brachte ihn zurück. Wir spielten etwa eine halbe Stunde. Dann warf ich den Ball ein letztes Mal und setzte mich wieder auf die Stufe der Veranda, wie ich es während unseres Trainings getan hatte. Ich wollte die Routine nicht unterbrechen, um Sina keinen Grund zur Panik zu geben.

Ich rief nach ihr und wartete darauf, dass sie kam und sich neben mich setzte. Mit dem Ball im Maul hielt sie ein, zwei Meter von mir entfernt an. Ich sah ihr an, dass sie überlegte, was sie als Nächstes tun sollte. Schließlich kam sie die Verandastufen herauf, blieb neben mir stehen und ließ den schleimigen Ball auf mein Bein fallen.

»Gutes Mädchen«, sagte ich mit ruhiger, sanfter Stimme. »Du bist so ein gutes Mädchen.« Ich entschied mich dafür, sie nicht zu streicheln. Stattdessen stand ich auf, öffnete die Tür und betete, dass sie mir ins Haus folgen würde.

Sie tat es.

Ich merkte, dass ihre Nervosität zurückkehrte, aber ich ignorierte meinen Drang, sie zu berühren. Ich füllte ihren Futternapf in der Küche, ließ ihn aber dann auf der Arbeitsplatte stehen und setzte mich auf die Couch. Ich wollte Sina die Möglichkeit geben, sich von der körperlichen Anstrengung zu erholen, bevor ich sie fütterte, und so rief ich sie und klopfte, in der Hoffnung, sie würde sich zu mir setzen, auf das Kissen neben mir.

Ich war erleichtert, als Sina einige Sekunden später auf die Couch sprang und sich vorsichtig neben mich setzte. Langsam legte sie ihren Kopf in meinen Schoß und ich streichelte sie und sprach mit ihr. Sie sah zu mir auf und ich erkannte, dass in ihren Augen nicht länger Furcht, sondern Traurigkeit war.

Ich wusste, dass Sina glaubte, ihre Familie hätte sie verlassen und würde nicht mehr zurückkommen. Sie musste zugesehen haben, wie sie ihr Gepäck im Auto verstauten und wegfuhren, während sie sie zurückließen. Ich wünschte mir so sehr, ihr sagen zu können, dass ihre Familie bald zurück sein würde, doch ich wusste, dass sie das unmöglich verstehen konnte. Und ganz gleich, wie sehr ich es versuchte – ihre Familie konnte ich nicht ersetzen.

Ich konnte ihr nur ein wenig Trost schenken – oder vielleicht nicht einmal das.

Manche Hunde hören auf zu fressen, wenn sie aufgeregt sind, aber zu meiner Beruhigung fraß Sina ihren ganzen Napf leer. Dann war es Zeit für mich, zu gehen, aber mein Herz schmerzte. Ich fragte mich, was sie ganz allein tun würde, aber ich wusste es bereits. Ich ging zur Tür und vermied es dabei, Sina in die Augen zu sehen. Ich konnte die Traurigkeit, die darin zu lesen war, nicht ertragen.

Ich habe diese traurigen Blicke schon bei vielen Haustieren gesehen, wenn ich wieder gehen musste. Ich glaube, meistens war ich dabei trauriger als sie, aber diesmal war es umgekehrt. Ich wusste, dass Sinas Traurigkeit sehr tief ging, und dass sie glaubte, verlassen worden zu sein. Und was noch schlimmer war: Sie war mit jemandem zurückgelassen worden, dem sie nicht vollständig vertraute.

Als ich die Haustür schloss und Sina sich selbst überließ, konnte ich die Tränen nicht mehr zurückhalten. Ich wollte sie mit zu mir nach Hause nehmen. Aber ich wusste, dass das alles nur noch schlimmer machen würde. Dort würde sie ihre Familie trotzdem noch vermissen, und das darüber hinaus in einer ihr völlig unbekannten Umgebung.

Als ich im Dunkeln davonfuhr, fühlte ich mich, als hätte mir jemand in den Magen geschlagen.

Am nächsten Morgen fuhr ich, so früh ich konnte, wieder zu Sina. Ich hatte nicht gut geschlafen. Ich musste sogar dem Drang widerstehen, mitten in der Nacht aufzustehen und nach ihr zu sehen.

Als ich die Haustür aufschloss, seufzte ich dankbar auf, als ich ein Bellen hörte und durch ein Fenster sah, dass Sina angelaufen kam. Ich freute mich so sehr, sie zu sehen.

Die Freude beruhte jedoch nicht auf Gegenseitigkeit. Sie warf mir den panischen Blick zu, den ich mittlerweile nur allzu gut kannte, und lief dann in einen anderen Raum. *Zumindest geht es ihr gut*, dachte ich.

Mein Besuch verlief fast wie der am Abend zuvor. Es gelang mir, Sina dazu zu bringen, dass sie mit dem Ball spielte, aber sie war nicht richtig bei der Sache. Sie schien benommen und ich spürte, dass sie etwas beschäftigte. Später saß ich wieder mit ihr auf der Couch und versuchte, sie zu trösten. Sie legte ihren Kopf in meinen Schoß und erlaubte mir für eine kurze Weile, sie zu streicheln. Ich wusste, dass zwischen uns ein Band entstanden war. Aber verglichen mit dem Band zwischen ihr und ihrer Familie, war das unsere schwach.

Dann, gerade als ich dachte, dass es ihr ein bisschen besser ging, biss sie mir in die Hand, bevor sie von der Couch sprang und davonrannte.

Ich wusste, dass sie mir vertrauen wollte, es aber nicht konnte, weil der Gedanke, dass ihre Familie nicht zurückkehren würde, so schwer auf ihrem Herzen lastete. Jetzt trat ihre Verzweiflung, die ich schon die ganze Zeit gespürt hatte, offen zutage.

Ich verließ Sina an diesem Morgen in der Hoffnung, dass ich sie bei meinem abendlichen Besuch in einer besseren Verfassung antreffen würde. Manchmal brauchen auch die treuesten Haustiere einige Tage, um sich daran zu gewöhnen, dass ihre Familien weg sind. Vielleicht war das auch bei Sina der Fall.

Doch als ich wegfuhr, überkam mich ein starkes Gefühl des Versagens. Ich hatte einen Knoten im Magen und der Gedanke, dass noch so viele Tage nach demselben Muster verlaufen würden, war unerträglich für mich. Wenn Sinas Verhalten sich nicht schnell änderte, musste ich Sue und Rob anrufen und sie darüber informieren. Ich wollte ihren Urlaub nicht stören, aber ich wollte auch nicht, dass Sina litt.

An diesem Nachmittag erhielt ich einen panischen Anruf von Angela. Sie war zum Haus gegangen, um nach Sina zu sehen, aber sie war nicht mehr da. Sie hatte an einer Stelle des Zauns, den Rob gebaut hatte, ein großes Loch gegraben und war hindurchgeschlüpft. Mir blieb das Herz stehen. Ich hatte befürchtet, dass Sina etwas Derartiges tun würde, wenn sie nur eine Gelegenheit dafür fand.

Ich sagte Angela, dass ich sofort kommen würde, um ihr bei der Suche nach Sina zu helfen. Ich kann mich nicht einmal mehr an die zwanzigminütige Fahrt erinnern. Während mir in meiner Verzweiflung unzählige Gedanken durch den Kopf jagten, nahm ich alles nur verschwommen war. Ich war so enttäuscht von mir selbst. *Lieber Herr, wie sollen wir sie finden? Was ist, wenn ihr etwas passiert ist? Es ist alles meine Schuld. Ich hätte diesen Job nie annehmen sollen.* Ich war völlig hoffnungslos.

Ich dachte daran, wie schwierig es für Sina war, mir zu vertrauen. Sie versuchte es, aber dann zog sie sich immer wieder in ihre Komfortzone zurück. In diesem Moment wusste ich, dass

Gott *meine* Komfortzone sein musste. Jetzt war es an der Zeit, ihm unerschütterlich zu vertrauen.

Doch wenn ich Angst habe, vertraue ich dir.
Psalm 56,4

Ich habe so viele Male gesehen, wie Gott auf wundersame Weise in meinem Leben gewirkt hat. Und ich habe noch *nie* erlebt, dass er mich im Stich gelassen hat. Niemals. Selbst in den dunkelsten Zeiten war er da. Ich habe ihn vielleicht nicht immer gespürt, aber er war von Anfang bis Ende bei mir.

Doch genau wie Sina vergaß ich manchmal, dass Gott mich nie enttäuscht hatte. Wenn sich dann in meinem Leben eine neue Herausforderung auftat, stieg Furcht in mir auf und es fiel mir schwer, zu vertrauen.

Eine umherstreunende Sina zählte auf mich, dass ich sie fand, und auch wenn sie mir nicht vollkommen vertraute, würde ich sie nicht im Stich lassen.

Als ich in die Einfahrt fuhr, kam Angela mir verzweifelt entgegengerannt. Sie war die ganze Nachbarschaft abgefahren und hatte Sinas Namen gerufen, ohne eine Spur von ihr zu finden. Ich bot ihr an, die Suche fortzusetzen, während sie beim Haus blieb, falls Sina zurückkam.

Als ich auf die Straße zurücksetzte, dachte ich darüber nach, wie still und friedlich mir die Wohngegend bisher erschienen war.

Jetzt fühlte sie sich kalt und bedrohlich an. Ich bog nur eine Straße entfernt in eine Sackgasse, an deren Ende sich ein Wäldchen anschloss, und stieg aus. Während ich zwischen den Bäumen hindurchspähte, rief ich immer wieder Sinas Namen.

Ein Teil von mir glaubte, sie würde in wenigen Sekunden herausgerannt kommen und dann wäre meine Lektion zum Thema Vertrauen vorüber. Doch aus dem Wald drang kein einziges Geräusch. Es war absolut still. Noch nie zuvor hatte ich die Stille so gehasst wie in diesem Moment.

Ich blieb ein paar Minuten stehen und wartete. Ich hatte keine Ahnung, wo ich als Nächstes suchen sollte. Dann stieg ich wieder in mein Auto und betete: *Lieber Herr, ich weiß nicht, wie ich diesen Hund jemals finden soll. Sina könnte überall sein. Aber du weißt genau, wo sie ist. Bitte, bitte, hilf mir. Ich habe Angst. Ich brauche deine Hilfe. Bitte lenke meine Schritte.*

Ich kann nicht sagen, dass ich in diesem Moment Frieden verspürte, aber wenigstens hatte ich wieder ein wenig Hoffnung, als ich die Gegend weiter abfuhr. Es war später Nachmittag und ich musste hinter einem Schulbus halten, aus dem einige Kinder ausstiegen. Ich wartete ungeduldig, weil ich keine Zeit verlieren wollte. *Oh Herr, ich kann jetzt nicht untätig hinter einem Schulbus stehen. Kannst du ihn nicht wegfahren lassen?* Aber Gottes Zeitplan ist *immer* perfekt.

Schließlich bog der Bus in eine Straße ab, in der ich bereits gesucht hatte. Ich fuhr in alle verbleibenden Straßen der Gegend und rief aus dem Fenster nach Sina, doch sie war und blieb verschwunden. Nun stand ich vor der Wahl, ein zweites Mal die Umgebung abzufahren oder zu der großen Kreuzung an der belebten Straße am Ortseingang zurückzukehren. Ich entschied mich für die zweite Möglichkeit.

Dort angekommen, musste ich an einer roten Ampel halten. Ich sah nach links und rechts. *Welche Richtung, Gott? Welche Richtung?* Ich hatte schon viele Male an dieser Ampel gestanden und auch jetzt fiel mein Blick wieder auf das kleine Schild, das den Weg zur Grace Church wies. Der Pfeil unter dem Schild zeigte nach links. In diesem Moment hörte ich ein vertrautes Flüstern: *Fahr nach links.*

Die Ampel wurde grün und ich bog nach links ab.

Mein Herz klopfte ein wenig schneller, weil die Straße so stark befahren war. Wenn Sina den ganzen Weg bis hierher gelaufen war, fürchtete ich, dass sie womöglich von einem Auto angefahren worden war. Langsam fuhr ich weiter, sah mich um und betete, dass ich sie nicht am Straßenrand liegend entdecken würde.

Als ich mich der Grace Church näherte, sah ich auf dem Parkplatz eine Bewegung, die meine Aufmerksamkeit erregte. Ich sah genauer hin. Es war Sina, die ziellos hin- und herlief! Ich war bereits an der Einfahrt vorbeigefahren, deshalb musste ich eine Möglichkeit finden, zu wenden. Mir blieb jedoch nicht viel Zeit. Ich befürchtete, dass sie nicht mehr da wäre, wenn ich zurückkam. Da in diesem Moment weit und breit kein anderes Auto zu sehen war, machte ich mitten auf der Straße eine Kehrtwende.

»Danke, Gott!«, rief ich.

Ängstlich klammerte ich mich an das Lenkrad, als ich zum Parkplatz der Kirche zurückfuhr. Doch als ich dort ankam, war Sina nicht mehr zu sehen. Ich sprang aus dem Wagen. »Sina! Sina!«, rief ich immer wieder und suchte dabei mit den Augen die Umgebung ab. Wie hatte sie so schnell verschwinden können? Ich drängte meine Tränen zurück. Ich hatte sie ganz knapp verpasst.

Doch dann regte sich an einer Seite der Kirche etwas und Sina kam die Böschung heraufgesprungen. Als sie mich sah, blieb sie zunächst stehen, doch dann rannte sie auf mich zu und ich lief ihr entgegen.

»Sina! Komm her, Mädchen!«, rief ich. Ich weinte. Ich sah Erleichterung, keine Furcht in ihren Augen. Sie kannte mich. Sie vertraute mir. Sobald wir uns erreichten, umarmte ich sie und hielt sie fest, wie ich noch nie etwas in meinem Leben festgehalten hatte! Sie war nass und ihre Pfoten waren voller Schlamm, dennoch trug ich sie zu meinem Auto und setzte sie auf den Beifahrersitz. Ich würde ihr keinesfalls die Chance geben, wieder wegzulaufen.

Aber ich wusste, dass sie nicht weglaufen wollte. Sie schnüffelte an mir und setzte die Vorderpfoten auf das Armaturenbrett. Dann versuchte sie, auf meinen Schoß zu klettern, wobei sie den Ärmel meines Shirts mit Schlamm beschmierte. Ich weinte und dankte Gott. Was für ein Wunder, dass ich sie gefunden hatte! Was für ein Wunder, dass sie nicht von einem Auto angefahren worden war, als sie die belebte Straße überquert hatte! Was für ein Wunder, dass Gott sie zu der Kirche gebracht hatte, die in den letzten Monaten ein so bedeutender Teil meiner Reise gewesen war!

Ich rief Angela an. Kaum in der Lage zu sprechen, brachte ich irgendwie heraus: »Ich habe sie gefunden!«

Sie fragte ungläubig: »Wo?«

»Bei der Grace Church, etwa zwei Meilen vom Haus entfernt.« Sie war schockiert, dass Sina so weit gelaufen war.

Als ich in die Auffahrt einbog, rannte Angela uns entgegen. Zusammen trugen wir Sina ins Haus, wobei wir ihr keine Möglichkeit ließen, wieder auszureißen. Angela hatte bereits Susan und Rob angerufen. Sue war völlig aufgelöst, als sie hörte, dass Sina aus dem eingezäunten Bereich entkommen war, aber jetzt war sie erleichtert und begeistert, dass wir sie gefunden hatten. Das waren wir alle.

Im Rückblick ist mir klar, dass Sina weggelaufen war, um ihre Familie zu suchen und ihre Komfortzone zurückzugewinnen. Als treue Australian-Shepherd-Hündin war sie entschlossen, dafür jede Mühe auf sich zu nehmen. Aber was sollten Angela und ich jetzt tun, wo zwar sie, aber ihre Familie noch nicht wieder zu Hause war? Was, wenn Sina wieder weglief?

Wir beschlossen, dass Sina im Haus bleiben musste, wenn Angela oder ich nicht da waren, und sie auch mit uns nur nach draußen durfte, wenn sie angeleint war. Angela erklärte sich bereit, zwischen meinen Besuchen morgens und abends zwei- oder dreimal nach Sina zu sehen, damit sie während der restlichen Urlaubstage ihrer Familie nicht so viele Stunden allein war.

In den Tagen, nachdem Sina ausgerissen war, spürte ich, dass das Band zwischen uns stärker wurde. Weil ich Angst hatte, dass sie wieder weglaufen könnte, verlegte ich unser Ballspiel ins Haus. Zum Glück gab es dort einen großen Raum, in dem das möglich war. Außerdem ging ich oft mit ihr spazieren und wir verbrachten viele stille Zeiten zusammen auf der Couch.

Natürlich war Sina immer noch traurig. Aber ich wusste, dass ihre Familie bald zurückkehren und Sina wieder glücklich sein würde.

Nach ihrer Rückkehr rief Sue mich an und sagte mir, dass Sina ganz außer sich vor Freude sei. Sie schickte mir ein Foto von Sina und Meg, und ich sah die Erleichterung in Sinas Augen. Sie war wieder in ihrer Komfortzone, aber sie hatte eine wichtige Lektion gelernt: Sie konnte auch jemandem vertrauen, der nicht zu ihrer Familie gehörte. Sonst wäre sie auf dem Parkplatz der Gemeinde nie zu mir gekommen.

Und wenn Sina lernen konnte, zu vertrauen, konnte ich das auch.

Etwa eine Woche später bekam ich einen reizenden Brief von Sue. Sie dankte mir für alles, was ich für Sina getan hatte – vor allem dafür, dass ich sie gefunden hatte, als sie weggelaufen war. Sie fügte hinzu, dass sie beschlossen hatten, keinen längeren Urlaub mehr zu planen, und das freute mich für Sina.

Im Laufe der Jahre habe ich noch oft an Sina gedacht. Trotz der großen Herausforderung, die es für mich war, auf sie aufzupassen, werde ich sie immer lieben und sie wird immer etwas Besonderes für mich sein. Ich werde nie vergessen, welches Wunder Gott an diesem Tag tat, als mich ein ausgerissener Hund lehrte, was Vertrauen bedeutet, und er uns beide an einen Ort namens Gnade brachte.

Lieber Herr, ich kann dir nicht genug für all die Zeiten danken, in denen du dich mir als treu erwiesen hast. Ich weiß, dass du geduldig mit mir warst, wenn ich diese Zeiten vergessen und zugelassen habe, dass mein Vertrauen der Furcht wich. Danke, dass du mir an diesem Tag geholfen hast, Sina zu finden. Das konnte nur durch deine wunderbare Gnade geschehen. Danke, dass du mich gelehrt hast, dir noch vollkommener zu vertrauen, und mir geholfen hast zu erkennen, dass du meine einzige wirkliche Komfortzone bist. In Jesu Namen. Amen.

5

Ein Wunder für Freddy

Er führte sie aus Finsternis und tiefster Dunkelheit; er zerriss ihre Ketten.
Psalm 107,14

Es gibt kaum etwas Schlimmeres für mich, als zu sehen oder zu hören, dass Tiere misshandelt oder vernachlässigt werden. Ich kann den Gedanken nicht ertragen, dass eines von Gottes schönen Geschöpfen menschlicher Grausamkeit unterworfen wird. Das bringt mich völlig aus der Fassung und ärgert mich maßlos.

Ich sehne mich nach dem Tag, an dem der Herr wiederkommt und all das Unrecht in unserer gefallenen, feindlichen Welt in Ordnung bringt. Aber wenn ich bis dahin einem Tier helfen kann, einem Leben voller Schmerz und Vernachlässigung zu entkommen, ist mein Gebet dasselbe wie das des jungen Jesaja: »Hier bin ich, sende mich« (Jesaja 6,8).

Eines Tages Anfang Juni bekam ich einen Anruf von Amos, einem Pferdetrainer, der meine Dienste benötigte, während er sich auf einem Trainingscamp befand. Amos und ich kannten uns nicht, aber meine Tierärztin hatte mich ihm empfohlen. Bevor ich zusagte, wollte ich gern Näheres darüber erfahren, was alles zu meinen Aufgaben gehören würde, und so vereinbarten wir ein Treffen. Ich hatte mich noch nie um mehrere Pferde gleichzeitig gekümmert, aber ich wusste, dass es viel Arbeit bedeutete.

Amos' Pferdehof war nur ein paar Kilometer von meinem Zuhause entfernt – ein Plus. Am Tag unseres Treffens fuhr ich den gewundenen, grasbewachsenen Pfad zu dem Heuschober entlang, an dem wir uns verabredet hatten. Der Hof selbst war recht klein, aber er verfügte über ein enormes Trainingsareal und große, grüne Weiden. Auf der Trainingskoppel, die sich rechts von der Scheune befand, waren mehrere strategisch angeordnete Hindernisstangen aufgestellt. Auf der großen Weide zu meiner Linken grasten fünf Pferde, die kurz den Kopf hoben, als ich heranfuhr.

Ich stellte mein Auto vor der kleinen, rustikalen Scheune ab und machte mich auf die Suche nach Amos. Es herrschte eine angenehme Temperatur. Die Luftfeuchtigkeit, die den Juni in Georgia normalerweise begleitet, war noch nicht zu spüren. Dafür war ich sehr dankbar. Es ist nicht lustig, an einem heißen, feuchten Tag einen Pferdestall auszumisten!

Hinter mir hörte ich Schritte auf dem Kiesweg und jemand fragte: »Bist du Christi?«

Lächelnd drehte ich mich um und streckte dem Mann, der eine Wrangler-Jeans und einen grauen Cowboyhut trug, die Hand entgegen. »Ich bin Amos«, sagte er auf die Pferdetrainern eigene selbstbewusste Art. Nachdem wir uns einige Minuten unterhalten hatten, zeigte er mir den Stall und erklärte mir, was während der drei Tage seiner Abwesenheit meine Aufgaben waren.

Wie ich es erwartet hatte, war der Job sehr umfangreich. Amos würde zwei Pferde mitnehmen, doch damit hätte ich immer noch sieben Pferde zu versorgen. Aber ich bin gern in der Nähe von Pferden. Ich besitze selbst drei und lasse mir nur selten die Chance entgehen, mich um ein Pferd zu kümmern.

Deshalb nahm ich den Job an, was Amos sehr freute. Es ist schwer, jemanden zu finden, dem man seine Pferde guten Gewissens anvertrauen kann. Es gibt nicht viele Menschen, die sich wirklich gut mit Pferden auskennen, geschweige denn mit den körperlichen, finanziellen und emotionalen Anforderungen umgehen können, die die Versorgung der Pferde mit sich bringt. Es gibt so viel mehr zu tun, als nur Futter in einen Eimer und Wasser in einen Trog zu schütten. Viele Menschen kaufen sich ein Pferd und geraten dann in einen finanziellen Engpass, weil sie sich vorher nicht ausreichend darüber informiert haben, was die Pflege eines Pferdes erfordert. Leider ist es in einer solchen Situation das Pferd, das leidet. Pferde mögen stark und robust erscheinen, aber es gibt einige Bereiche, in denen sie schwach und extrem sensibel sind.

Amos kümmerte sich gut um seine Pferde. Er arbeitete hart mit ihnen, aber er belohnte sie auch großzügig. Jede Box war makellos, und sie bekamen nur das beste Futter und Heu. (Dasselbe trifft auch auf meine Pferde zu – abgesehen davon, dass sie nicht sehr hart arbeiten müssen! Für einen Pferdetrainer wie Amos sind meine Pferde verwöhnt. Aber das ist eine andere Geschichte…)

Ich kümmerte mich also drei Tage lang um Amos' Pferde. Alles verlief ohne Probleme, aber dennoch war ich froh, dass dieser Job nicht länger dauerte. Die Arbeit kostete mich viel Kraft und am dritten Tag war ich ziemlich erschöpft.

Ich trug mich gerade mit dem Gedanken, mir noch ein weiteres Pferd zu kaufen, und glaubte, dass Amos mir möglicherweise dabei helfen konnte, eines zu finden. Mein Mann hatte ein gutes Trailpferd, aber weil ich keines hatte, ritten wir selten zusammen aus. Als Amos von seiner Reise zurückkehrte, fragte ich ihn, ob er mir einen Tipp geben könnte.

Er erklärte sich bereit, sich für mich umzuhören. Er kannte viele Menschen in der Pferdewelt und zu dieser Zeit waren zahlreiche Pferde zu verkaufen, weil viele Menschen finanzielle Probleme hatten. Manche Pferdebesitzer verschenkten ihre Tiere sogar, aber ich hatte auch von anderen gehört, die ihre Pferde einfach im Wald, auf fremden Weiden oder an schlimmeren Orten zurückließen.

Einige Tage später teilte Amos mir mit, dass er von einem Pferd erfahren hatte, das zu verkaufen war. Er wusste nicht viel über das Pferd und kannte auch Lee, seinen Besitzer, nur vom Hörensagen. Es handelte sich um einen etwa 12 Jahre alten Wallach, der ein exzellentes Trailpferd war. Es hörte sich perfekt an – das war genau das, was ich suchte.

Natürlich wollte ich mir das Pferd gern ansehen und es probereiten, und so vereinbarte Amos mit Lee, dass dieser es auf Amos' Trainingskoppel brachte. Darüber hinaus erklärte Amos sich bereit, das Pferd zu beurteilen und mir seine Einschätzung im Hinblick auf die Fähigkeiten, das Temperament und die sonstigen Eigenschaften des Pferdes zu geben.

Als ich zu dem vereinbarten Treffen kam, war Amos mit dem gesattelten Pferd auf der Trainingskoppel. Lee war bereits wieder gefahren.

Ich ging zum Gatter und legte die Arme auf die oberste Latte. Amos war gerade etwa 12 Meter entfernt am anderen Ende der Koppel und ritt auf mich zu. Mir fiel die hohe, schlanke Gestalt des

Wallachs auf. Mit einer Höhe von etwa 1,67 Metern war er groß für ein Pferd. Als Amos näher kam, fiel mir auf, dass es nicht nur »schlank«, sondern ziemlich dünn war. Ich sagte zunächst nichts, entriegelte das Tor und ging hinein.

»Hey, Junge«, sagte ich, während ich seine Nase streichelte. Er warf den Kopf ein wenig hoch und Amos zog schnell, aber sanft an den Zügeln. Das Pferd war kastanienbraun mit einer großen, weißen Blesse über die Länge seines Gesichts und weißen Fesseln.

»Er ist ein bisschen dünn«, sagte Amos, als ich das Pferd der Länge nach abschritt und dabei mit der Hand auf seinem Rücken entlangfuhr. »Trabe einmal mit ihm die Koppel ab.« Amos reichte mir die Zügel. Ich setzte meinen Fuß in den Steigbügel und saß auf. Ich musste mich hoch emporschwingen und war überrascht, dass ich es auf Anhieb schaffte. Keines meiner bisherigen Pferde war größer als 1,52 Meter gewesen.

Als meine Schenkel auf dem Pferderücken auflagen, spürte ich, dass das Pferd sogar noch dünner war, als ich gedacht hatte. Ich ließ es ein paarmal im Schritt durch die Koppel gehen und dann in leichten Trab fallen. Es war ein holpriger Ritt.

Es ist immer ein seltsames Gefühl, wenn man das erste Mal auf einem Pferd reitet, an das man nicht gewöhnt ist, aber diesmal fühlte es sich ganz und gar nicht gut an. Ich saß ab und sah mir das Pferd von vorn an. Dabei bemerkte ich, dass sich seine Nüstern schnell von innen nach außen bewegten, als sei es außer Atem.

»Er ist mehr als nur ein bisschen dünn«, sagte ich, als Amos zu mir trat.

Er stieß die Spitze seines Schuhs auf den Boden. »Das ist richtig, aber ich habe seinen Besitzer heute zum ersten Mal getroffen, deshalb kann ich nicht viel dazu sagen.«

»Wie heißt er?«, fragte ich.

»Lee sagte, er heißt Dakota.«

Da ein großer Teil von Dakotas Körper unter dem Sattel und einer langen Decke verborgen war, bat ich Amos, beides abzunehmen, damit ich mir ein besseres Bild von seinem Zustand machen konnte.

Amos folgte meiner Bitte und nahm Sattel und Decke weg. Ich war schockiert, was darunter zum Vorschein kam. Das Pferd war völlig ausgemergelt!

Amos warf mir einen Blick zu, dem ich entnehmen konnte, dass er genau wusste, was ich dachte. »Ja. Ich hatte keine Ahnung, dass er so mager ist. Als Lee ihn heute Morgen vom Anhänger geführt hat, war er gesattelt.«

»Meine Güte! Wie um alles in der Welt ist das möglich?«, rief ich aus. »Hat er nichts darüber gesagt?« Amos schüttelte den Kopf. Das war der Grund, warum Dakotas Gangart sich so unangenehm anfühlte und der Ritt so hart war. Er hatte kaum die Energie zu gehen, geschweige denn mit einem Reiter auf dem Rücken zu traben. Als ich seinen Körper genauer untersuchte, sah ich, dass sich jede einzelne Rippe abzeichnete und seine Beckenknochen, die lediglich mit Haut bedeckt waren, scharf hervortraten. Sein ganzer Körper war mit Narben übersät.

Die Gelegenheiten, bei denen ich ein Pferd in einem solchen Zustand gesehen hatte, hatten sich bisher auf Berichte über misshandelte und vernachlässigte Tiere im Fernsehen beschränkt. Jetzt sah ich zum ersten Mal ein geschundenes Pferd direkt vor meinen Augen. Diese Misshandlung war echt. Sie war deutlich zu spüren gewesen und starrte mir jetzt direkt ins Gesicht.

Ich wollte schreien. Ich fühlte mich schrecklich, weil ich ihn mich auf seinem Rücken hatte tragen und ihn hatte traben lassen. Während Amos und ich noch schweigend beieinanderstanden, rasten mir unzählige Gedanken durch den Kopf. Das war kein Pferd, das ich als Trailpferd nutzen konnte – zumindest nicht, solange es in diesem Zustand war. Aber ich wollte seine Geschichte erfahren. Warum war er so dünn? Warum wollte sein Besitzer ihn verkaufen? Ein Blick in Dakotas Augen offenbarte mir seinen Gemütszustand. Er fürchtete sich. Er war müde. Er wusste nicht, was als Nächstes passieren würde. Seine Augen waren weit geöffnet und seine Lider auf eine Weise gefurcht, die ihm einen besorgten Ausdruck verlieh. Mir brach das Herz. Darauf war ich nicht vorbereitet gewesen, ebenso wenig wie auf die Last, die sich jetzt schwer und schmerzhaft auf mein Herz legte.

Ich sagte Amos, dass dieses Pferd nicht das war, was ich suchte. Natürlich wusste er das. Dakota brauchte *viel* Pflege und *viel* Futter, um sich zu erholen. Es würde mindestens ein Jahr dauern, bis er wieder bei Kräften wäre. Ich schätzte, dass er mindestens 200 Kilo zunehmen musste, und angesichts seines derzeitigen Zustands war die Wahrscheinlichkeit hoch, dass er auch noch andere gesundheitliche Probleme hatte.

Ich schüttelte den Kopf, als ich mich umdrehte und durch das Gatter hinausging. Ich dankte Amos dafür, dass er den Termin arrangiert hatte, und bat ihn, die Augen nach einem anderen Pferd offen zu halten. Dann sah ich zu, wie er Dakota in eine Box führte. Ohne den Sattel und die Decke, die die obere Hälfte seines Körpers verdeckten, sah ich in der Bewegung noch deutlicher, wie seine Hüftknochen hervorstachen. Auch der hintere Teil seines Körpers bestand nur aus Haut und Knochen.

In meinem Auto angekommen, wurde ich von Zorn und Traurigkeit überwältigt. Während ich zurücksetzte und die grasbewachsene Straße, die aus dem Grundstück herausführte, entlangfuhr, war ich fast blind vor Tränen. Mir war übel. Ich weinte auf dem ganzen

Weg nach Hause. Wie konnte jemand ein so schönes Geschöpf wie Dakota derart zugrunde richten? Was musste in einem Menschen vorgehen, dass er den offensichtlichen Zustand des Pferdes einfach ignorierte? Es ergab einfach keinen Sinn. Hatte Dakota ein medizinisches Problem? Und wenn ja, warum hatte Lee es dann nicht erwähnt?

Ich konnte einfach nicht begreifen, was ich gerade erlebt hatte.

Zu Hause empfing mich mein Mann in der Auffahrt. Unter Tränen berichtete ich ihm jedes Detail meiner Erlebnisse auf Amos' Farm. Er schüttelte den Kopf. Auch er konnte nicht fassen, wie ein Pferd in einen solchen Zustand geraten konnte.

An diesem Abend dachte ich immer wieder über den vergangenen Tag nach. Dakotas Blick aus seinen großen, braunen Augen ging mir nicht aus dem Kopf. Er hatte sich tief in meinen Sinn und mein Herz eingeprägt.

In der Nacht wachte ich mehrmals auf. Ich schüttelte meinen Mann an der Schulter und stellte ihm Fragen, wie: »Können wir Dakota nicht einfach kaufen und bei uns behalten, bis wir ein Zuhause für ihn finden?«, und: »Wie wäre es, wenn ich die Tierärztin bitte, ihn durchzuchecken? Wenn er gesund ist, könnten wir ihn einfach aufpäppeln, bis er wieder in Form ist, und ihn dann zu meinem Trailpferd machen!«

Mein Mann antwortete auf jede meiner Fragen im Halbschlaf: »Was immer du willst.«

»Ich möchte ihn haben!«, sagte ich voller Überzeugung, bevor ich mich umdrehe und bis zum Morgen schlief.

Kaum war das erste Tageslicht durch unser Schlafzimmerfenster gedrungen, sprang ich aus dem Bett und lief in die Küche. Ich schnappte mir mein Handy und wählte Amos' Nummer. Zu meiner Überraschung nahm er sofort ab. Die Uhr auf unserem

Ofen zeigte gerade einmal sechs Uhr an. Ich entschuldigte mich für den frühen Anruf, aber Amos sagte, er stehe ohnehin immer um halb sechs auf.

Ich teilte ihm mit, dass ich darüber nachdächte, Dakota zu kaufen, ihn aber gern von einem Tierarzt untersuchen lassen würde, bevor ich weitere Schritte unternahm.

Ich hörte Amos an, dass er ein wenig überrascht war, aber er versprach mir, mit Lee zu sprechen. Fünf Minuten später rief er mich zurück. Lee war bereit, Dakota zu mir nach Hause zu bringen und ihn mir für einige Tage zu überlassen, damit ich ihn untersuchen lassen konnte. Eine schwere Last hob sich von meinen Schultern. Wenn Dakota in meine Obhut kam, war er sicher, und ich würde mich gut um ihn kümmern. Dann musste ich mir keine Sorgen mehr um ihn machen.

Mein Mann baute ihm auf der saftigen Wiese neben unserem Stall, wo ich ihn vom Haus aus sehen konnte, eine provisorische Box. Ich wollte ihn nicht zu nah an unsere anderen Pferde heranlassen, falls er irgendeine Krankheit hatte.

Noch am selben Tag fuhr Lee mit einem weißen Pick-up und einem kleinen, heruntergekommenen Pferdeanhänger auf unseren Hof. Der Anhänger war mit Rostflecken übersät und sah aus, als würde er jeden Moment auseinanderfallen. Ein dünner Mann mit einer Baseballkappe stieg aus. Ich begrüßte ihn mit einem Handschlag. Sein Auftreten war zunächst derb, aber dann erzählte er mir freundlich, was er über Dakota wusste.

Er hatte Dakota vor etwa zehn Monaten gekauft und seine Schwägerin hatte erst vor wenigen Tagen einen dreistündigen Trailritt mit ihm unternommen. Er sagte mir, was für ein wunderbares Trailpferd Dakota sei. Ich biss mir auf die Zunge, um die scharfen Worte, die mir sofort durch den Kopf schossen, zurückzuhalten. In Anbetracht des Zustands, in dem sich dieses Pferd befand, hätte es niemand auch nur drei Minuten, geschweige denn drei Stunden reiten sollen.

Weiter erklärte er mir, dass er alles unternommen hätte, damit Dakota an Gewicht zulege, doch was er auch versuchte, hätte nicht funktioniert. Ich fragte ihn nach Dakotas Geschichte, aber er konnte mir nicht mehr berichten, als dass er ihn von dem Freund eines Freundes gekauft hatte.

Er wollte 400 Dollar für ihn haben. Das war nicht viel für ein Pferd, aber es war viel für ein Pferd in Dakotas Zustand, insbesondere in der aktuellen wirtschaftlichen Lage. Ich äußerte mich zunächst nicht dazu und bat ihn, Dakota aus dem Anhänger zu holen.

Ich sah zu, wie er in den Anhänger stieg, die Zügel nahm und das Pferd rückwärts hinausführte. Er behandelte ihn mit einer solchen Frustration, dass mir unbehaglich zumute wurde. Als er mit Dakota auf mich zukam, erschrak ich zutiefst. Frisches Blut lief über sein Gesicht und mein Blick fiel auf eine klaffende Wunde zwischen seinen Augen.

»Was ist passiert?«, fragte ich in einem alarmierten Tonfall, der Dakota dazu veranlasste, den Kopf zu werfen. Sofort legte ich ihm sanft meine Hand auf die Nase.

»Es tut mir leid, Junge«, sagte ich, während ich Lee einen fragenden Blick zuwarf. Ich hatte kein gutes Gefühl bei diesem Mann. Was Dakotas Zustand anging, hatte ich im Zweifel zu seinen Gunsten entschieden, aber das bedeutete nicht, dass ich ihn vom Haken ließ.

»Eine Frau, die vor mir fuhr, trat plötzlich auf die Bremse und ich musste schnell reagieren«, sagte er. »Sein Kopf muss gegen die vordere Wand des Anhängers geknallt sein.«

In mir flammte Zorn auf. Ich weiß, dass Unfälle passieren können, aber ich glaubte ihm nicht. Noch immer hielt ich meine Worte zurück, nahm ihm die Zügel ab und führte Dakota in die Box, wo ich bereits Heu und Wasser für ihn bereitgestellt hatte. Lee folgte uns unter endlosem Geplapper, was für ein gutes Pferd Dakota sei. Aber nichts von alledem spielte in diesem Moment eine Rolle. Es interessierte mich nicht, was er zu sagen hatte. Mein Bauchgefühl sagte mir, dass an der ganzen Situation irgendetwas nicht stimmte.

Als ich Dakota untergebracht hatte, ging ich zurück in die Auffahrt. Lee folgte mir. »Wie alt ist er nochmals?«, fragte ich.

»Der Coggins-Test sagt, er ist 12.« Er gab mir die Papiere. Jedes Pferd, das über die Grenzen eines Staates gebracht oder verkauft wird, braucht einen Coggins-Test. Dasselbe gilt für einige andere Fälle. Der Test beinhaltet die Blutuntersuchung des Pferdes auf eine hochansteckende und unheilbare Pferdekrankheit. Es kommt sehr selten vor, dass ein Pferd positiv getestet wird, aber hin und wieder passiert es. Doch Amos hatte die Papiere des Pferdes bereits geprüft und der Test war negativ.

Ich dankte Lee, dass er Dakota hergebracht hatte, und sagte, ich würde ihm meine Entscheidung mitteilen. »Nehmen Sie sich Zeit«, sagte er. Ich versuchte, so höflich wie möglich zu sein, aber ich wollte nur, dass er ging. Als er wegfuhr, lief ich schnell ins Haus und holte eine antiseptische Lösung und Handtücher, um Dakotas Wunde zu reinigen.

Zurück in der Box wusch ich sanft das Blut von seinem Gesicht. Der Einschnitt war tief. Er tat mir so leid. Er stand ruhig da und ließ zu, dass ich die Wunde reinigte, aber seine Augen waren groß und voller Unsicherheit.

»Ich werde dir nicht wehtun, Junge. Ich verspreche es dir.« Sanft streichelte ich seinen Hals und sah ihn mir genauer an.

Er hatte so viele Narben und war schrecklich mager. Bei dem Gedanken, dass ihm jemand für einen dreistündigen Trailritt sein Gewicht aufgebürdet hatte, wurde mir schlecht. Mir fielen ein paar deutliche Worte für diese Schwägerin ein, aber ich wusste, dass es mir nicht zustand, sie zu kritisieren, zumal ich nicht die ganze Geschichte kannte.

Ich ging in die Scheune und holte ein paar Leckerbissen für Dakota, die er freudig annahm. Dann fraß er ein wenig von seinem Heu. Er schien ruhig zu sein, aber ich glaube, das war eher der Tatsache geschuldet, dass er so schwach war. Ein gut genährtes, gesundes Pferd hat eine Menge Mut und Energie und bockt, wenn ihm etwas nicht gefällt. Dakota jedoch schien nicht die Kraft zu haben, etwas anderes als ruhig und fügsam zu sein.

Ich rief meine Tierärztin an und bat sie, vorbeizukommen und ihn zu untersuchen. Sie konnte schon für den nächsten Tag einen Termin einplanen.

An diesem Abend verbrachte ich ein wenig Zeit mit Dakota und sprach mit ihm. Ich streichelte sanft sein Gesicht und seinen Hals, auch wenn er definitiv versuchte, meinen Berührungen auszuweichen, was man als kopfscheu bezeichnet. Doch nach einer Weile schien er darüber hinwegzukommen. Pferde können aus verschiedenen Gründen kopfscheu sein, aber normalerweise sind sie aufgrund von etwas, das ihnen in der Vergangenheit passiert ist, verängstigt. Vielleicht hat ihnen jemand ins Gesicht geschlagen. Oder vielleicht hat sich nie jemand die Zeit genommen, sie daran zu gewöhnen, im Gesicht berührt zu werden. Aber wie auch immer – es ist nicht gut für ein Pferd, kopfscheu zu sein.

Ich gab ihm noch ein paar Leckerbissen, bevor ich ihn für die Nacht allein ließ.

Wiederum verbrachte ich schlaflose Stunden, in denen ich über Dakota nachdachte. Was hatte ich getan? Hatte ich impulsiv gehandelt, statt zu beten und Gottes Willen für meine Situation zu suchen? Ich hatte schon viele Not leidende Tiere mit nach Hause gebracht, aber die Verantwortung für dieses ausgemergelte Pferd zu übernehmen, war definitiv etwas anderes, als mich um eine streunende Katze oder einen verletzten Vogel zu kümmern. Was sollte ich tun, wenn sich Dakotas Zustand nicht besserte? *Oh Herr, wie soll das weitergehen?*, betete ich, während ich mich ruhelos hin und her wälzte.

Am nächsten Tag wartete ich ungeduldig auf die Tierärztin. Ja, Dakota war stark untergewichtig, aber ich hielt dennoch an der Hoffnung fest, dass er ansonsten gesund war.

Als ich mit der Ärztin zu der Box ging, in der Dakota sein Heu fraß, sagte sie: »Wow. Er ist in keinem guten Zustand.« Sie untersuchte ihn von vorn bis hinten und sah ihm ins Maul. »Erstens, er ist keine 12 Jahre alt. Er ist mindestens 19 oder 20.« Dann hob sie seine Beine hoch und zeigte mir die harten Knoten an seinen Fesseln. Sie erklärte mir, dass das ein Zeichen für Gelenkschäden war, die bei Pferden auftraten, die entweder jahrelang zum Springen benutzt wurden oder älter waren und hart gearbeitet hatten. Aber was auch die Ursache dafür war – es war eine schwere Verletzung und solche Pferde sollten nicht mehr regelmäßig geritten werden. In seinem derzeitigen Zustand warnte sie mich sogar davor, ihn überhaupt zu reiten.

Dann warf sie mir einen tröstenden Blick zu und sagte, dass es für Dakota das Beste sei, wenn man ihn einfach auf eine Weide schickte und ihm erlaubte, seine letzten paar Jahre nichts weiter zu tun, als zu grasen. Doch zuerst musste er einiges an Gewicht zulegen.

Das war nicht das, was ich hatte hören wollen. Ich hatte gehofft, sie würde mir sagen, dass alles, was er brauchte, gutes Heu und Futter war, und dann alles in Ordnung käme.

Als sie in ihren Truck stieg, sagte sie noch, wer immer das Pferd vorher besessen hätte, hätte es arbeiten lassen, und drückte ihr Bedauern darüber aus, dass sie mir nichts Erfreulicheres mitteilen konnte. Ich winkte ihr nach und ging dann zu Dakota, der mich beobachtete, während er sein Heu fraß.

»Was ist deine Geschichte, Junge?«, fragte ich ernüchtert. Er hatte jemandem sein Bestes gegeben und als er ihm nicht länger von Nutzen war, hatte dieser ihn einfach ausrangiert. Vielleicht musste er ihn auch abgeben, weil er eine schwierige Zeit durchmachte, aber das war kein Trost für mich. Und als ich Dakota ansah, war ich mir sicher, dass es auch für ihn kein Trost war.

Wir konnten es uns nicht leisten, ihn zu behalten und zusätzlich ein Trailpferd zu kaufen. Aber der Gedanke, ihn an Lee zurückzugeben, zerriss mir das Herz. Das war so unfair.

Am Abend berichtete ich meinem Mann, was ich von der Tierärztin erfahren hatte, und in seiner ruhigen, klugen Art stimmte er mir zu, dass es uns nicht möglich war, Dakota zu behalten. Aber dennoch fühlte es sich so falsch an, ihn zu seinem Besitzer zurückzuschicken, und so betete ich: *Wenn es irgendeine Möglichkeit gibt, ein neues Zuhause für ihn zu finden, Gott, bitte zeige sie mir.* Wie schon so viele Male zuvor, wusste ich, dass ich um ein Wunder bat. Niemand, der auch nur das Geringste von Pferden verstand, würde ihn kaufen wollen.

Ich ging hinaus auf die Koppel, wo Dakota graste. Als ich ihn begrüßte, hob er den Kopf. Seine großen Augen waren auf mich gerichtet, als ich meine Arme durch die Latten des Zauns schob, um ihn zu streicheln. »Es tut mir so leid, dass ich dich nicht behalten kann. Ich würde alles tun, um dich von diesem Mann wegzubringen.« Ich öffnete das Gatter und schlüpfte auf die Koppel. Dakota blieb ruhig stehen und beobachtete mich. »Ich weiß nicht, wie ich das schaffen soll, aber ich verspreche dir von ganzem Herzen, dass ich dich von ihm wegholen werde!« Ich streichelte seine Nase und sah mir die Wunde auf seiner Stirn an. Mittlerweile war Schorf darauf, aber sie war immer noch zu sehen. Es war mir ernst mit meinem Versprechen; ich wusste nur nicht, wie ich es halten sollte.

Ich verließ die Koppel und ging in den Stall, um ihm noch ein paar Leckerbissen zu holen. Mittlerweile wusste Dakota, wo ich sie aufbewahrte, und wartete immer schon darauf, dass ich ihm welche brachte. Er wieherte leise und kam in die Ecke der Koppel. Als er die Leckereien kaute, versicherte ich ihm ein weiteres Mal, dass ich mein Versprechen halten würde.

Voller Furcht vor dem Anruf, den ich jetzt machen musste, schleppte ich mich zurück zum Haus.

Ich berichtete Lee, dass der Besuch der Tierärztin nichts Gutes zutage gefördert hatte, und dass Dakota nach ihrem Urteil um die 20 Jahre alt war, nicht 12. Darüber hinaus sagte ich ihm, dass das Pferd schwer unterernährt war und aufgrund seiner schweren Gelenkschäden nicht geritten werden sollte – möglichst nie wieder.

Der Mann stritt sofort alles ab. Er sagte, Dakota könne unmöglich 20 Jahre alt sein, und dass es, seit er ihn gekauft hatte, nie ein Problem gewesen sei, ihn zu reiten. Er leugnete auch, dass Dakota unterernährt war. Er sei einfach von Natur aus dünn. Er habe ihn gut gefüttert, aber er habe einfach kein Gewicht zugelegt.

Ich beschloss, nicht mit ihm zu streiten; ich kannte die Wahrheit bereits. Und obwohl es mir bei meinen Worten fast das Herz zerriss, sagte ich: »Ich kann ihn nicht kaufen.«

Er sagte, er würde Dakota am nächsten Morgen gleich als Erstes abholen.

Es war eine lange Nacht. Ich war hin- und hergerissen zwischen all den Gründen, warum ich ihn gehen lassen sollte, und der Suche nach Möglichkeiten, wie ich ihn behalten konnte. Aber im tiefsten Winkel meines Herzens – demselben Ort, der wegen Dakota so erschüttert war –, wusste ich, dass es die richtige Entscheidung war, ihn gehen zu lassen.

Am nächsten Morgen verbrachte ich so viel Zeit wie möglich mit ihm. Ich bürstete ihn, kratzte ihm die Hufe aus und verarztete seine Wunde ein letztes Mal. Ich sagte ihm, wie sehr ich ihn liebte, und erinnerte ihn an mein Versprechen, ihn irgendwie aus dieser schlimmen Situation herauszuholen. Und als ich in seine Augen sah, hatte ich das Gefühl, dass er mich verstand.

Lee kam mit demselben rostigen Anhänger wie wenige Tage zuvor in den Hof gefahren. Er war überraschend freundlich, als er mit Halfter und Zügel zu Dakotas Koppel ging, aber als er ihm das Halfter über den Kopf streifte, warf Dakota den Kopf empor.

Ich konnte nicht zusehen.

Lee sagte mir, es täte ihm leid, dass es nicht funktioniert hätte, und führte Dakota aus der Koppel und durch das Tor zu unserer Auffahrt. Ich werde dieses Bild nie vergessen.

Dakota stieg in den Anhänger und dann sah ich zu, wie er die Straße hinunter verschwand.

Den Rest des Tages fühlte ich mich krank. Es kostete mich meine ganze Kraft, nicht bei Lee anzurufen und ihm zu sagen, dass ich Dakota zurückwollte. Mehrmals stand ich vor der leeren Koppel und starrte hinein.

Mein Herz fühlte sich leer an. Jedes Mal, wenn ich an Dakota dachte, betete ich. Ich bat Gott, dass er alles irgendwie zu einem guten Ende bringen würde. Doch so sehr ich glauben wollte, dass er das tun würde, sah ich einfach keine Möglichkeit dafür.

Am nächsten Tag kam eine Freundin, die ich noch nicht lange kannte, zu mir nach Hause, um mir etwas zurückzugeben, das sie sich ausgeliehen hatte. Bonnie und ich hatten uns in einer Kleintierpraxis kennengelernt. Genau wie wir besaßen auch Bonnie und ihr Mann Calvin mehrere Hunde und Pferde, sodass wir vieles gemeinsam hatten.

Als Bonnie die Box sah, in der wir Dakota untergebracht hatten, sprach sie mich darauf an und ich erzählte ihr die Geschichte.

Nachdem ich geendet hatte, sagte sie mir, dass sie am Tag zuvor beim Tierarzt (Bonnie scheint viel Zeit dort zu verbringen!) eine Frau namens Helen und ihren Welpen kennengelernt hätte. Im Verlauf ihrer Unterhaltung hatte Bonnie erfahren, dass Helen ein älteres Pferd hatte und auf der Suche nach einem zweiten Pferd war, das ihm Gesellschaft leisten konnte. Bonnie erbot sich, Helen anzurufen und sie zu fragen, ob sie daran interessiert sei, Dakota zu kaufen.

Ehrfurcht überkam mich. Ein Teil von mir hielt es nicht für möglich, dass das klappen konnte, und ich schämte mich für meinen Mangel an Glauben. Aber wenn das die Antwort auf mein Gebet war, wäre es das Wunder, um das ich Gott gebeten hatte.

Später an diesem Abend rief Bonnie mich an und sagte mir, dass Helen mit mir sprechen wolle. Sie gab mir ihre Nummer und ich rief sie sofort an. Wie ich erfuhr, war Helens Pferd ein 21 Jahre alter Hengst mit dem Namen Moonshine. Sie hatte ihn schon von seiner Geburt an und liebte ihn sehr. Doch in der vergangenen Woche hatte er seinen besten Freund und das einzige andere Pferd auf der Weide verloren und war so traurig und deprimiert, dass er aufgehört hatte, zu fressen. Manchmal stand er stundenlang vor dem Grab seines besten Freundes, das sich direkt neben der Weide befand.

Ich fragte sie, ob sie sich vorstellen könne, Dakota als neuen Freund für Moonshine bei sich aufzunehmen. Sie bejahte, aber sie konnte es sich nicht leisten, mehr als 200 Dollar für ihn zu bezahlen. Ich bot ihr an, ihn zu kaufen, wenn sie sich im Gegenzug dazu bereit erklärte, ihn – sofern er und Moonshine miteinander zurechtkamen – für den Rest seines Lebens zu behalten. Mein Vorschlag gefiel ihr.

Ich legte auf und rief sofort Lee an. Ich sagte ihm, dass ich möglicherweise einen Käufer für Dakota hatte. Er erklärte sich damit einverstanden, dass wir ihn besuchten, und beschrieb mir den Weg.

Am nächsten Tag fuhren Helen und ich zu Lees Hof, der etwa 40 Kilometer von uns entfernt war. Als ich Helen abholte, stellte ich fest, dass ich fast jeden Tag an ihrem Haus vorbeifuhr. Sie wohnte nur etwa drei Kilometer von mir entfernt an einer Hauptverkehrsstraße, die ich jedes Mal nehmen musste, ganz gleich, wo ich hinwollte.

Es war ein heißer und schwüler Nachmittag, als wir zu unserem Ziel aufbrachen. Die Zufahrt zu Lees Hof war lang und ungeteert. Zäune zu beiden Seiten markierten seinen Besitz. Weil ich weder Gras noch Weiden sah, fragte ich mich, wo Dakota sein mochte.

Wir fuhren vor ein großes, fast elegantes Haus. Das Grundstück, von dem es umgeben war, wurde ihm nicht gerecht. In der Auffahrt standen mehrere Autos. Als Helen und ich ausstiegen, trat Lee mit einer Frau und einem Jungen aus dem Haus. Er kam auf uns zu, während die Frau und der Junge sich auf die Stufen der Veranda setzten.

Lee sagte, er würde uns zu Dakota bringen, und öffnete zu meiner Überraschung ein Gatter, das zu einem Grundstück auf der linken Seite der Straße führte. Bei der Anfahrt hatte ich dort ein paar heruntergekommene Scheunen, riesige Felsbrocken, verrostete Teile von Arbeitsgeräten und jede Menge verstreuten Müll gesehen. Als Helen und ich uns durch den Unrat kämpften, fragte ich mich, wie man in einer solchen Umgebung ein Pferd halten konnte. Sie war dafür völlig ungeeignet. Dann sah ich in etwa zehn Metern Entfernung mitten auf einer kargen Weide, die eher einer Müllhalde glich, Dakota stehen.

Er trug ein Halfter mit einem langen Seil, das an einem halb verfallenen Schuppen befestigt war. »Hier ist er«, sagte Lee, während er auf Dakota zuging und ihm fest auf den Hals klopfte. »Er ist ein großartiges Pferd«, fügte er nach seiner üblichen Verkäufer-Manier hinzu. »Ich lasse Sie eine Weile mit ihm allein, dann können Sie mir Ihre Entscheidung mitteilen. Aber ich muss Ihnen sagen, dass noch eine andere Frau mit ihrem Sohn hier ist, die sich auch für ihn interessiert.«

Nachdem er gegangen war, sahen Helen und ich uns an und rollten mit den Augen. Wir glaubten nicht, dass es noch einen weiteren Kaufinteressenten für Dakota gab, aber es spielte keine Rolle. Helen wollte ihn und mehr brauchte ich nicht zu wissen. Dakota sah mitleiderregend aus. Er hatte weder Heu noch Schutz, und das Seil gab ihm nur etwa sieben Meter Bewegungsfreiheit.

Kurze Zeit später kamen die Frau und ihr Sohn über den müllübersäten Platz zu uns. Sie fing an, mir zu erzählen, was für ein großartiges Pferd Dakota sei. »Er ist ein prächtiger Kerl, nicht wahr?«, sagte sie, während sie mit der Hand über seinen ausgemergelten Körper strich. »Ich habe ihn neulich geritten und er ist ein gutes Trailpferd.« Der Junge nickte zustimmend und lächelte. Ich warf ihr ein halbherziges Lächeln zu und biss mir auf die Zunge, wie ich es gelernt hatte, seit ich Lee zum ersten Mal getroffen hatte. Ich wusste, dass er sie geschickt hatte, weil er hoffte, dass sie uns dazu bewegen konnten, Dakota zu kaufen und seinen lächerlichen Preis zu bezahlen.

Ich wollte nur, dass sie uns allein ließen, damit Helen und ich die Gelegenheit hatten, uns zu überlegen, wie wir Dakota aus dieser Umgebung herausholen konnten. Nachdem Helen und ich mehrere Minuten lang beharrlich geschwiegen hatten, gingen sie endlich. Helen erinnerte mich daran, dass sie keinen Pferdeanhänger hatte, aber ich hatte einen, deshalb war das kein Problem. Wir einigten uns darauf, Dakota gleich am nächsten Morgen abzuholen. Wir wollten ihn beide nicht eine Sekunde länger als unbedingt nötig dort lassen.

Bevor wir gingen, streichelte ich ein letztes Mal über Dakotas weiche Schnauze. So sehr es mich schmerzte, ihn in diesen Umständen zu sehen, wusste ich doch wenigstens, dass es nur noch für eine Nacht war. Ich flüsterte ihm zu: »Ich habe dir gesagt, dass ich dich hier herausholen werde. Erinnerst du dich? Ich habe es dir versprochen und ich löse mein Versprechen ein.« Ich werde nie vergessen, wie er mich ansah. In seinem Blick lag Erleichterung und ich wusste, dass er mich irgendwie verstanden hatte.

Helen und ich bahnten uns unseren Weg zurück durch den Unrat und ließen Dakota an dem baufälligen Schuppen zurück, wo ihn das Seil in einem sieben Meter weiten Abschnitt der Hölle gefangen hielt. Lee wartete in der Auffahrt auf uns und ich sagte ihm, dass wir Dakota am nächsten Morgen abholen würden. Ich gab ihm eine Anzahlung von hundert Dollar und hoffte, dass Dakota noch da war, wenn wir am nächsten Tag kamen.

Erleichterung durchströmte mich wie warmer Apfelwein am kältesten Tag des Jahres. Ich konnte kaum glauben, was in den letzten 24 Stunden passiert war! Gott hatte das Wunder getan, um das ich ihn gebeten hatte. Ich schämte mich, dass ich an ihm gezweifelt hatte, aber angesichts der angespannten wirtschaftlichen Lage und Dakotas schlechtem Zustand hatte ich geglaubt, ein Zuhause für ihn zu finden, sei in etwa so unmöglich, wie dass mir über Nacht Flügel wachsen würden.

Das erinnerte mich daran, dass für Gott *nichts* unmöglich ist. Das Unmögliche liegt nur in unserem misstrauischen Herzen. Gott kann unendlich viel mehr tun, als wir je bitten würden (siehe Epheser 3,20).

Als ich Helen von meinem Gebet erzählte und dass sie die Antwort darauf war, sagte sie mir, dass sie sich bereits einen neuen Namen für Dakota überlegt hatte. Sie wollte ihn Freddy nennen (jetzt weißt du, warum im Titel dieses Kapitels der Name Freddy auftaucht). Freddy bedeutet »der Friedensreiche«. *Was für ein schöner Name für ihn*, dachte ich. Und wie passend, denn genau das war es, was Gott ihm gewährte: Er würde jetzt Frieden haben. Er würde das Zuhause haben, das er verdiente; das Zuhause, das ich ihm versprochen hatte. Dafür gebührte Gott alle Ehre!

Wie vereinbart holten Helen und ich Freddy am nächsten Morgen ab. Wir brachten ihn zu ihrem Haus, wo sie einen Teil der Weide für ihn abgezäunt hatte. Das würde Freddy und Moonshine die Gelegenheit geben, sich über den Zaun hinweg kennenzulernen, bevor sie sie zusammenbrachte.

Sie fragte mich, wie lange sie die beiden Pferde meiner Meinung nach getrennt halten solle, und ich schlug ihr fünf Tage vor, was sie ebenfalls für angemessen hielt. Am nächsten Morgen jedoch sagte sie mir, dass Freddy und Moonshine die ganze Nacht Hals an Hals am Zaun gestanden hätten und sie den Zaun deshalb bereits entfernt hätte. Ich war zunächst besorgt, aber Helen sagte, dass es schien, als wären sie schon seit Jahren zusammen. Sie wichen einander keine Sekunde lang von der Seite. Moonshine stand nicht länger am Grab seines alten Freundes, er fraß wieder und war wieder er selbst.

Ich war so glücklich.

Und Freddy war es auch.

Helen und ich blieben danach noch einige Jahre in Kontakt. Innerhalb weniger Monate legte Freddy enorm an Gewicht zu und war wunderschön. Ich sah ihn jedes Mal, wenn ich an Helens Haus vorbeifuhr. Freddy und Moonshine grasten stets Seite an Seite, nie mehr als 1,5 Meter voneinander entfernt.

Er führte sie aus Finsternis und tiefster Dunkelheit; er zerriss ihre Ketten.
Psalm 107,14

Freddys Geschichte ähnelt so sehr der unseren. Wir alle werden von den Ketten unserer Sünden gebunden in diese Welt hineingeboren. Aber ein Retter wartet geduldig darauf, die Ketten, die uns gefangen halten, zu brechen. Er will uns einen neuen Namen und ein neues Leben geben. Er hält seine Versprechen – immer.

Freddy und Moonshine lebten etwa sechs Jahre zusammen. Als ich eines Tages an Helens Haus vorbeifuhr, sah ich Freddy allein auf der Weide stehen. Ich dachte, dass sein bester Freund gestorben sein musste, weil das das erste Mal war, dass ich nur einen von ihnen sah. Ich rief Helen an, die meine Vermutung bestätigte. Freddy tat mir leid, aber er lebte noch weitere zwei Jahre. Ihm wurden acht wunderbare Jahre bei Helen geschenkt und er hatte jedes einzelne von ihnen verdient.

Es war schwer, an Helens Haus vorbeizufahren, nachdem auch Freddy gestorben war, weil ich nie müde geworden war, ihn friedlich auf der Weide grasen zu sehen. Aber selbst still und leer erinnert mich die Weide daran, dass Gott der große Erlöser ist und seine Versprechen immer hält. Er löst all die Ketten, die uns gefangen halten, und befreit uns.

Lieber Herr, du bist so ein großer Erlöser. Du hältst alle deine Versprechen. Du brichst die Ketten und befreist die Gefangenen. Danke für das Wunder, dass du für Freddy ein Zuhause gefunden hast. Danke, dass du dich um ein Pferd gekümmert hast, das nicht länger erwünscht war. Du hast immer noch seinen Wert gesehen und du siehst auch meinen Wert. Und am meisten danke ich dir dafür, dass du mich durch deinen Tod am Kreuz befreit hast. In Jesu Namen. Amen.

6

Hausbesuch mit Hindernissen

Freu dich am Herrn, und er wird dir geben, was dein Herz wünscht.
Psalm 37,4

Ich habe nie viel Mühe darauf verwendet, mir zu überlegen, was ich anziehen soll. Es ist nicht so, dass ich nicht präsentabel aussehen will oder dass es mich nicht interessiert, ob meine Schuhe zu meiner Kleidung passen; ich will nur nicht viel Zeit damit verbringen, meine Garderobe zusammenzustellen. Abgesehen davon kann es auch unbequem sein, gut auszusehen.

Ehrlich gesagt würde ich es vorziehen, jeden Tag nur Flipflops und Schlafanzüge zu tragen. Bevor ich mit dem besten Job der Welt gesegnet wurde, musste ich mich im typischen Business-Look kleiden, aber ich habe nie gern hochhackige Schuhe und Blazer getragen – geschweige denn Kleider! Ich sagte immer im Spaß zu meinen Kollegen: »Eines Tages werde ich einen Job haben, in dem ich bei der Arbeit meinen Schlafanzug tragen kann!«

15 Jahre später. Gott erlaubte mir, die Geschäftswelt zu verlassen und diesen Traumjob zu haben. Und weißt du was? Ich trug tatsächlich oft meinen Schlafanzug bei der Arbeit. Tiere sind wunderbar und vor allem urteilen sie nicht. Es interessiert sie nicht, wenn deine Schuhe nicht zu deiner Handtasche passen. Sie flüstern nicht hinter deinem Rücken, wenn nicht jedes einzelne deiner Haare perfekt an Ort und Stelle sitzt.

Und das Beste ist: Sie finden es völlig in Ordnung, wenn du deinen Schlafanzug trägst, während du sie fütterst. Sie sind glücklich, wenn sie jemand am Bauch krault, ihnen einen Leckerbissen gibt und sie liebt. Deshalb war es kein Problem, wenn ich auf meinen Haustierbesuchen bequeme Kleidung trug. Nur die Tiere sahen mich.

Meistens.

Meine ersten Besuche des Tages machte ich immer sehr früh, weil die Tiere herausgelassen und gefüttert werden mussten. Ich rollte mich einfach aus dem Bett, schlüpfte in meine Flipflops, fütterte meine eigenen Hunde und Pferde und machte mich schließlich um 6:30 Uhr zu meinen Hausbesuchen auf, ohne mich vorher perfekt zu kleiden oder mir auch nur das Haar zu kämmen.

Wenn ich meine morgendlichen Pflichten erledigt hatte, fuhr ich wieder nach Hause. Vor meinen Besuchen am Nachmittag und dem Abend zog ich mich dann um. Das war eine makellose Routine.

Fast.

Eines Morgens musste ich fünf Katzen besuchen, die einer langjährigen Kundin namens Gina gehörten.

Katzen sind leichter zu betreuen als Hunde, weil sie ein Katzenklo haben und nicht schon bei Tagesanbruch hinausgelassen werden müssen. Statt kurz nach halb sieben war ich deshalb erst um 8 Uhr dort.

Ich trug mein normales frühmorgendliches Outfit – ein weißes T-Shirt und meine blaue, mit großen, gelben Enten bedruckte Schlafanzughose, die ich bewusst ein paar Nummern zu groß gekauft hatte, damit sie bequem war. Natürlich hatte ich die Kordel in der Taille extra straff geschnürt, damit mir die Hose nicht wegrutschte. (Denken Sie daran: Hier ist eine urteilsfreie Zone!) Auf dem Kopf trug ich eine Jeans-Baseballkappe und natürlich ist kein Outfit komplett ohne Flipflops.

Ginas Haus befand sich am Ende einer steilen Auffahrt. Manchmal verreisten Gina und ihr Mann mit dem Auto, sodass ich meines in ihrer Garage abstellen konnte, aber wenn nicht, musste ich am Fuß der Auffahrt auf der Straße parken.

Wenn ich mich beeilte, konnte ich den Weg ins Haus zurücklegen, ohne dass mich jemand sah. Und selbst, wenn ich einem Nachbarn begegnete, der zufällig gerade seinen Hund ausführte oder zur Arbeit aufbrach, wäre das keine große Sache. Meine Schlafanzughose war nicht überzogen ... es sei denn, ich trug meine Lieblingshose mit großen schwarz-weißen Dalmatinern auf gelbem Hintergrund.

Auch diesmal musste ich auf der Straße parken. Leider wurde mir schnell klar, dass mein Plan, ungesehen ins Haus und wieder herauszukommen, heute nicht funktionieren würde, weil im Garten des Nachbarhauses mehrere Männer arbeiteten. Ich seufzte. *Nun*, dachte ich, *ich steige einfach aus und renne die Zufahrt hinauf, so schnell ich kann.* Aber zuerst nahm ich meine Sonnenbrille aus dem Handschuhfach und setzte sie auf, damit ich unauffällig beobachten konnte, was die Arbeiter taten.

Ich zählte sechs Männer, die zu dieser ungünstigen Zeit gruben, pflanzten und was weiß ich noch alles taten. *Gott sei Dank habe ich nicht meine Dalmatinerhose an*, dachte ich, während ich tief Luft holte und mich auf meinen Spurt den steilen Berg hinauf vorbereitete. Vielleicht waren sie mit dem Umgraben des Nachbargartens so beschäftigt, dass sie mich gar nicht bemerkten.

Ich holte tief Luft, stieg aus und schlug ohne weitere Verzögerung die Autotür zu. Ich beschloss, um die Vorderseite meines Autos herumzugehen, damit ich, um zur Auffahrt zu gelangen, nicht durch das Gras gehen musste, obwohl ich mich damit in das Blickfeld aller Anwesenden begab.

Ohne in die Richtung der Männer zu sehen, lief ich vor mein Auto – und dann passierte das Schrecklichste, was nur passieren konnte. Meine Schlafanzughose rutschte hinunter bis auf meine Füße – genau an der Stelle, an der die Gärtner den besten Blick auf mich hatten. Wären für diese Horrorvorstellung Karten verkauft worden, hätten sie die besten Plätze gehabt!

»Oh, meine Güte!«, rief ich aus. Innerhalb der nächsten Nanosekunde hatte ich meine Hose wieder hochgezogen und die Kordel um meine Taille festgezurrt. Im nächsten Moment schlüpfte ich durch Ginas Haustür. Ich habe nicht die geringste Ahnung, wie ich den Berg, der dem Mount Everest Konkurrenz machte, erklommen hatte und ins Haus gelangt war. Ich war wie in einem fürchterlichen Nebel. Die fünf Katzen kamen angerannt, aber ich stand reglos da.

Ich weiß nicht, ob es Worte gibt, mit denen sich beschreiben lässt, wie ich mich fühlte. Es gab nur eines, das noch schrecklicher war als das, was gerade passiert war – ich musste wieder zu meinem Auto zurück. Während fünf Katzen schnurrend um meine Beine strichen, begriff ich zum ersten Mal in meinem Leben die wahre Bedeutung des Wortes »sprachlos«.

Am liebsten wäre ich in Tränen ausgebrochen, aber das hätte meine wahren Gefühle nicht widergespiegelt. Dann wollte ich mich verstecken, aber das ging auch nicht. Alles, was ich tun konnte, war, laut zu lachen. Was sonst kann man in einer solchen Situation tun? Während ich dann Ginas Katzen mit Futter versorgte, konnte ich gar nicht mehr aufhören zu lachen. Ich lachte die ganze Zeit, während ich dort war.

Bis ich fertig war und wieder gehen musste.

Wie kann ich nach dem, was vorhin passiert ist, wieder zu meinem Auto gehen?, fragte ich mich. *Ich habe keine Möglichkeit, mein Ansehen wiederherzustellen.* Aber dann sammelte ich all meinen Mut – nun, um ehrlich zu sein, muss ich ihn mir von jemandem geborgt haben, weil ich in diesem Moment keinen hatte – und ging zur Tür hinaus. Ich spürte, wie mein Gesicht brannte, als mir die Röte in die Wangen schoss. Jeder demütigende Schritt die Auffahrt hinunter fühlte sich an, als ginge ich auf Treibsand. Ich sah nicht zu den Männern hinüber, sondern konzentrierte mich ausschließlich auf mein Ziel. Der Weg bis zum Fuß des Berges schien endlos zu sein. Dann stieg ich in mein Auto und fuhr weg.

Als ich Ginas Nachbarschaft hinter mir gelassen hatte, verspürte ich Erleichterung. »Lieber Herr«, betete ich laut, »bitte lass sie ihre Arbeit beenden, bevor ich heute das zweite Mal dorthin muss.«

Wieder zu Hause, konnte ich an nichts anderes denken als an diesen entsetzlichen Moment. Ohne dass ich es bemerkte, hatte sich die Kordel meiner Hose irgendwie gelöst. Weil sie ein paar Nummern zu groß war, war sie, als ich aufstand, einfach heruntergerutscht.

An diesem Tag erzählte ich jedem, den ich traf, von meinem »Zwischenfall«, und alle reagierten auf dieselbe Weise – sie lachten so sehr, dass ihnen die Tränen kamen. Und jedes Mal, wenn ich die Geschichte erzählte, musste ich selbst ein bisschen mehr darüber lachen. Sie war wirklich lustig – ich wünschte mir nur, sie wäre nicht mir passiert!

Als Gina von ihrer Reise zurückkam, erzählte ich ihr ebenfalls davon, und auch sie konnte gar nicht mehr aufhören zu lachen.

Freu dich am Herrn, und er wird dir geben, was dein Herz wünscht.
Psalm 37,4

Wenn ich an die Zeit zurückdenke, in der ich mich danach sehnte, einen Job zu haben, bei dem ich meinen Schlafanzug tragen konnte, werde ich jedes Mal aufs Neue an Gottes Güte erinnert. Er hat uns verheißen, uns zu geben, was unser Herz sich wünscht, wenn wir uns an ihm freuen. Obwohl dieses Erlebnis damals furchtbar war, ließ es mich doch erkennen, dass Gott mir genau das geschenkt hatte, worauf ich gehofft hatte. Aber hin und wieder vergaß ich das in meiner Geschäftigkeit.

Was bedeutet es, »sich am Herrn zu freuen«?

Es bedeutet, dass allein der Gedanke an ihn unser Herz mit Freude erfüllt. Es bedeutet, dass wir unser Vertrauen selbst in den dunkelsten Zeiten auf ihn setzen, weil wir wissen, dass er ein vertrauenswürdiger Gott ist.

Es bedeutet, dass uns kein Mensch und keine Sache wichtiger ist als er.

Es bedeutet, dass es unser größter Wunsch ist, für ihn zu leben.

Es bedeutet, dass es eine Freude für uns ist, seinen Willen zu tun.

Ich verstehe das vielleicht nicht immer, aber Gott ist geduldig und treu, und er wird mir immer einen Schubs in die richtige Richtung geben, wenn ich vom Weg abkomme. Ich habe festgestellt: Wenn ich näher an ihn heranrücke, rücken auch meine Wünsche näher an die seinen heran, und dann wird es zu meinem größten Ziel, seinen Willen zu tun. Ich glaube, das ist genau das, was Jesus meinte, als er sagte, dass er kam, um uns das Leben im Überfluss zu geben (siehe Johannes 10,10).

Ich glaube, wir befürchten manchmal, wir müssten zu viel aufgeben, um Gott nachzufolgen, aber diese Angst könnte nicht weiter von der Wahrheit entfernt sein. Das ist die Lüge, die der Feind uns glauben machen will. Er will, dass wir denken, wir müssten alles, was wir in dieser Welt lieben, aufgeben, wenn wir Gottes Geschenk der Erlösung annehmen. Aber die Wahrheit ist, dass wir dann alles gewinnen, was sich zu haben lohnt, und nur aufgeben, was ohnehin keinen Wert besitzt.

Ich glaube, Gott hat Humor, und ich glaube, manchmal erinnert er mich auf eine nicht besonders dezente Weise an seine Güte und seinen Segen. Ich muss immer noch lachen, wenn ich daran denke, wie Gott mir an diesem Tag wieder einmal ins Bewusstsein rief, dass er mir meinen Herzenswunsch erfüllt hatte.

Lieber Herr, hilf mir, nie all die Herzenswünsche zu vergessen, die du mir erfüllt hast. Du bist ein wunderbarer und guter Gott. Danke für den Segen des Lachens. Hilf mir, dass es zu meiner größten Freude und meinem größten Wunsch wird, deinen Willen zu tun. In Jesu Namen. Amen.

7
Molly – ein Hund mit Führungsqualitäten

Ich versuche …, das Rennen bis zum Ende durchzuhalten und den Preis zu gewinnen, für den Gott uns durch Christus Jesus bestimmt hat.
Philipper 3,14

Ich schüttelte das Kissen auf dem Sofa auf, bevor ich ein weiteres Mal durch das eingelassene Fenster unserer Haustür nach draußen sah. Ich wartete auf eine Dame namens Amy, deren Hund ich möglicherweise in Pflege nehmen sollte.

Unter besonderen Umständen nahm ich manchmal Hunde bei mir zu Hause auf, statt sie im Haus meiner Kunden zu betreuen. Manchen Hundebesitzern war es einfach wichtig, dass ihren Schützlingen genug Aufmerksamkeit zuteilwurde; andere wussten, dass ihre Hunde Angstzustände bekamen, wenn sie längere Zeit allein waren.

Die Hunde, die ich bei mir aufnahm, wurden genauso behandelt wie meine eigenen. Sie schliefen auf meinem Bett, hatten freien Zugang zum Haus und spielten draußen auf unserem großen, eingezäunten Grundstück. Solange alle gut miteinander auskamen, funktionierte das wunderbar. Ich gab den Gasthunden immer ein wenig Zeit, sich an die anderen Hunde zu gewöhnen, und wenn sie sich nicht vertrugen, hatte ich einen Bereich, in dem sie getrennt von den anderen fressen, schlafen und sich sicher fühlen konnten.

In all den Jahren meiner Tätigkeit als Haustiersitterin hatte es jedoch nur eine einzige Hündin gegeben, die mit den anderen nicht auszukommen schien. Deshalb bekam sie ihren persönlichen Raum, und dort kam sie bestens zurecht.

Ich liebte es, Hunde um mich zu haben. Ich selbst hatte vier Hunde und wenn ich noch zusätzliche Hunde in Pflege nahm, war es, als würden ihre Freunde für ein paar Tage zu Besuch kommen. In den trubeligsten Zeiten waren bis zu 15 Hunde bei mir, aber ich genoss jede Minute davon. Und mein Mann verdient eine Medaille dafür, dass die Hunde alle in unser Bett durften!

Ich hatte jedoch auch strikte Regeln. Abgesehen davon, dass die Hunde ein freundliches Wesen haben mussten, durften sie nicht mehr als 12,5 Kilo wiegen. So waren sie einander ebenbürtig, und es gewährleistete, dass jeder wenigstens einen kleinen Platz bei uns auf dem Bett fand. Außerdem mussten sie gepflegt und sauber sein. Schmutzige, übel riechende Hunde nahm ich nicht auf. Dafür Sorge zu tragen, dass sie gepflegt und sauber blieben, war natürlich eine andere Geschichte, aber im Großen und Ganzen klappte es mit der Beherbergung der Hunde sehr gut.

Ich warf einen weiteren Blick durchs Fenster und sah, dass ein blauer SUV vorgefahren war. Unser gesamtes Grundstück war eingezäunt und an der Zufahrt war ein Tor, damit die Hunde nicht hinauslaufen und niemand Unerwünschtes hereinkommen konnte. Ich ging nach draußen und öffnete das Tor. Als das Auto an mir vorbeirollte, blickte mich durch das Fenster des Beifahrersitzes ein schmutziges Hundegesicht an.

Ich schloss das Tor wieder und ging zur Fahrerseite des Autos, wo gerade meine potenzielle neue Kundin, eine ältere Dame, ausstieg.

»Hallo«, sagte sie. »Ich bin Amy.« Sie streckte mir die Hand entgegen und versuchte gleichzeitig, den schmutzigen Hund davon abzuhalten, aus dem Auto zu springen. Ich lachte.

»Schön, Sie kennenzulernen. Und das muss Molly sein«, sagte ich, während ich Amy half, den Hund daran zu hindern, über ihre Schulter auf den harten Asphalt zu springen. Schließlich schlang Amy ihre Arme um Molly, hob sie aus dem Auto und setzte sie auf den Boden. Der mittelgroße, silberfarben und hellbraun gefleckte Terriermischling fing sofort an, die Umgebung abzuschnüffeln.

Molly war jedoch kein Zwölfeinhalb-Kilo-Hund. Ich schätzte ihr Gewicht eher auf um die 20 Kilo. Zwar hatte ich Amy am Telefon über unsere Zwölfeinhalb-Kilo-Grenze aufgeklärt, aber entweder hatte sie mir nicht richtig zugehört oder sie glaubte, ich würde es nicht bemerken.

Es hatte schon andere Kunden gegeben, die meine Regel im Hinblick auf die Gewichtsgrenze der Hunde überhörten oder ignorierten, aber nachdem ich sie und ihre Hunde kennengelernt hatte, schickte ich die meisten von ihnen wieder weg. Bei drei Hunden machte ich jedoch eine Ausnahme, weil sie so reizend und wohlerzogen waren, dass ich wusste, sie würden sich gut einfügen.

Als ich mich mit Amy unterhielt, hörte ich Traurigkeit in ihrer Stimme. Ich beschloss die Tatsache, dass ihr Hund über meiner Gewichtsgrenze lag, vorerst nicht zu erwähnen, und lud sie und Molly ins Haus ein, damit ich sehen konnte, wie der Hund sich dort benahm.

Wir Frauen setzten uns auf die Couch und Molly ließ sich zu Amys Füßen nieder. Ich spürte, dass sie sehr intelligent war. Da ich so viel mit Tieren zu tun hatte, war es für mich einfach geworden, sie einzuschätzen. Darüber hinaus war Molly gut erzogen und ich sah, dass sie Amy förmlich anbetete.

Amy erzählte mir, dass Molly erst seit ein paar Monaten bei ihr war. Sie hatte sie aus dem Tierheim geholt, aus dem sie bereits dreimal »adoptiert« und dann wieder zurückgebracht worden war. Das tat mir sehr leid für sie. Ich fragte mich, warum sie vorher niemand hatte behalten wollen. Was stimmte mit ihr nicht? Ich war auf eine sagenhafte Erklärung gefasst. Vielleicht kam Molly nicht mit anderen Hunden zurecht. Oder vielleicht zernagte sie alles, was sie zu fassen bekam. Amy konnte mir jedoch nichts darüber sagen. Sie wusste nur, dass Molly der perfekte Hund für sie war.

Weiter erzählte Amy mir, dass ihr Mann vor sechs Monaten verstorben war. Einige Wochen später hatte sie dann Molly zu sich nach Hause geholt. Amys Augen füllten sich mit Tränen, als sie mir berichtete, wie unerträglich einsam sie sich gefühlt hatte. Molly war ihr ein großer Trost gewesen. Ich konnte gut nachempfinden, was sie durchgemacht hatte. Nun wusste ich, warum Molly dreimal ins Tierheim zurückgebracht worden war. Gott hatte Molly für Amy bestimmt.

Ich erklärte mich bereit, für Molly zu sorgen, während Amy zu ihrem Bruder reiste, und ein paar Tage später stimmten wir telefonisch die Dauer von Mollys Aufenthalt ab. Da ich zur selben Zeit noch einige andere Hunde in Pflege hatte, war ich gespannt, wie Molly sich ihnen gegenüber verhalten würde. Aber wie bereits erwähnt, wenn sie nicht mit ihnen zurechtkam, hatte ich einen Bereich, in dem sie getrennt von den anderen Hunden ihren Freiraum haben, aber trotzdem so viel Aufmerksamkeit von mir bekommen konnte, wie sie brauchte.

Am vereinbarten Tag lieferte Amy ihren Hund bei mir ab und verabschiedete sich. Molly rannte zum Tor und beobachtete, wie ihre Besitzerin wegfuhr. Sie wusste genau, was vor sich ging. Ich nahm eine Leine, befestigte sie an Mollys Halsband und brachte sie ins Haus, wo bereits einige andere Pflegehunde sowie meine eigenen vier Hunde waren. Ich brachte Molly in einen der hinteren Räume, wo ich ein Absperrgitter in der Tür montiert hatte. So konnte sie sich abseits der anderen sicher fühlen, aber dennoch jederzeit Kontakt zu ihnen aufnehmen, wenn sie es wollte.

Dann erlaubte ich den anderen Hunden, sie zu begrüßen. Da ein Neuankömmling in ihr Territorium eingedrungen war, liefen sie natürlich bellend auf sie zu und machten eine große Szene. Aber Molly blieb ganz ruhig sitzen und beobachtete sie, als würde sie denken: *Was für eine Bande von ungezogenen Bengeln!*

»Du bist ein gutes Mädchen, Molly«, sagte ich, während ich ihr sanft über den Kopf streichelte. Mittlerweile hatten sich die anderen Hunde beruhigt und Molly ging nah an das Gitter heran, um sie zu beschnüffeln und ihnen einen tadelnden Blick zuzuwerfen.

Weil ich in vielen verschiedenen Situationen mit Hunden zusammen bin, habe ich gelernt, bestimmte Persönlichkeitsmerkmale an ihnen zu erkennen. Als Molly die anderen Hunde davon überzeugte, dass sie sich entweder zu verziehen oder sich still hinzusetzen hatten, dachte ich: *Ja, Molly ist eine Leiterin.* Doch sie bleckte nie die Zähne oder knurrte, noch verhielt sie sich auf irgendeine andere Weise aggressiv.

Nachdem ich mehrere Stunden lang zugesehen hatte, wie sie durch das Gitter mit den anderen Hunden umging, beschloss ich, Molly herauszulassen. Ich blieb jedoch in der Nähe, um mich zu versichern, dass alles gut lief. Aber nachdem Molly den anderen Hunden gegenüberstand, ging sie sofort in den Leithund-Modus, und innerhalb weniger Sekunden hatte sie dafür gesorgt, dass alle ruhig waren und sich benahmen. Dann machte sie es sich gemütlich.

Molly war auch danach noch viele Male bei mir in Pflege und freundete sich mit einem kleinen Chihuahua namens Tink an, der oft zur selben Zeit da war wie sie. Molly wog knapp 18 Kilo mehr als Tink und machte sich zur Beschützerin ihres besten Freundes. Keiner der anderen Hunde wagte es, Tink auch nur einen schiefen Blick zuzuwerfen, wenn Molly in seiner Nähe war. Sie lief sofort an Tinks Seite, wie um den anderen Hunden zu sagen: »Haltet euch von ihm fern, sonst setzt es etwas!«

Aber Molly war nicht nur eine großartige Beschützerin und ein guter Leithund – sie schien mir auch immer einen Schritt voraus zu sein.

Eine ihrer Lieblingsbeschäftigungen war es, Eidechsen zu jagen. Im Sommer lebten Hunderte von ihnen auf unserer Farm. Sobald Molly nach draußen kam, fing sie an, sie zu jagen, und lehrte alle anderen Hunde, dasselbe zu tun!

Sie schien es immer zu wissen, wenn ich dachte, dass es für die Hunde Zeit war, ins Haus zu kommen. Dann lief sie schnell zu Tink und beide versuchten sich in der Hoffnung, ich würde sie nicht finden und ihrem Spaß ein Ende bereiten, vor mir zu verstecken. Natürlich war der Garten eingezäunt und so fand ich sie immer.

Dann warf Molly mir einen vorwurfsvollen Blick zu, als sei ich die gemeinste Person auf der Welt. Um meine Schuld abzutragen, gab ich beiden einen Leckerbissen – dafür, dass sie sich vor mir versteckt hatten! *Das* war die schamlose Manipulation eines klugen Hundes!

Die Tatsache, dass ich den Hunden, die ich in Pflege hatte, völlige Bewegungsfreiheit im Haus gewährte, trug dazu bei, den Stress zu lindern, den die plötzliche Trennung von ihren Besitzern in ihnen hervorrief. Wenn ich in meinem Büro arbeitete, waren oft alle Hunde bei mir. Manche von ihnen lagen zu meinen Füßen unter meinem Schreibtisch, andere schliefen in den Hundebetten, die im Raum verteilt waren. Molly hatte ein Lieblingsbett – es war riesig und flauschig wie ein Kissen, und sie sorgte immer dafür, dass kein anderer Hund darin lag. Manchmal wollte sie sogar ihr Futter in meinem Büro fressen, damit sie in der Nähe ihres Lieblingsbettes bleiben konnte.

Eines Abends machten es sich die Hunde, nachdem ich sie gefüttert hatte, an verschiedenen Orten im Haus gemütlich. Ich hatte Mollys Napf in meinem Büro auf den Boden gestellt und arbeitete noch ein wenig am Computer.

Plötzlich sah ich, wie Molly einen Bissen ihres Futters ins Maul nahm und ihn zu ihrem großen, kuscheligen Bett trug, das knapp zwei Meter entfernt war. Dann kletterte sie hinein und kaute, was sie mitgebracht hatte.

Ich lachte und sagte: »Du liebst dein Bett wirklich, nicht wahr, Molly?« Dann stand sie auf und ging wieder zu ihrem Futternapf. Erneut nahm sie ein paar Brocken ins Maul und trug sie zu ihrem Bett.

Mit diesem Schauspiel unterhielt Molly mich immer wieder. Ich hatte schon öfter gesehen, dass Hunde das taten, und es brachte mich immer zum Lachen. Das war, als würde ich mein Essen Bissen für Bissen von der Küche ins Schlafzimmer tragen. So klug manche Hunde auch sein mögen – ihr Zeitmanagement bleibt davon unberührt!

Doch dann sah ich Molly etwas tun, das ich kaum glauben konnte: Sie stand zum fünfzehnten Mal von ihrem Bett auf, ging zu ihrem Plastikfressnapf, schnappte ihn ohne zu zögern mit ihrem Maul und trug ihn zu ihrem Bett, wo sie wieder zu fressen begann. Ich bin mir sicher, dass ich einen ungläubigen Ausdruck auf dem Gesicht hatte.

»Molly, ich kann nicht glauben, dass du das getan hast!«, rief ich, während ich mit meinem Bürostuhl zu ihrem Bett hinüberrollte. »Du bist so ein kluges Mädchen!« Molly warf mir einen schnellen Blick zu und fraß dann weiter – aus ihrem Napf auf ihrem Bett. Sie hatte einen Weg gefunden, an ihr Futter zu kommen, ohne dass sie ständig den Komfort ihres geliebten Bettes verlassen musste.

Als sie den Napf leer gefressen hatte, schob sie ihn mit der Nase von ihrem Bett weg und legte sich hin, um ein Schläfchen zu machen.

Ich versuche ..., das Rennen bis zum Ende durchzuhalten und den Preis zu gewinnen, für den Gott uns durch Christus Jesus bestimmt hat.
Philipper 3,14

Molly erreichte ihr Ziel, doch noch wichtiger ist die Tatsache, dass sie niemals aufgab. Der Apostel Paulus lehrte uns, wie wichtig das ist, indem er sagte:

Ich will nicht behaupten, ich hätte dies alles schon erreicht oder wäre schon vollkommen! Aber ich arbeite auf den Tag hin, an dem ich das alles mein Eigen nenne, weil auch Christus mich ja schon sein Eigen nennt. Nein, liebe Freunde, ich bin noch nicht alles, was ich sein sollte, aber ich setze meine ganze Kraft für dieses Ziel ein. Indem ich die Vergangenheit vergesse und auf das schaue, was vor mir liegt, versuche ich, das Rennen bis zum Ende durchzuhalten und den Preis zu gewinnen, für den Gott uns durch Christus Jesus bestimmt hat.
Philipper 3,12-14

Ob die Reise einfach oder unglaublich hart ist – unser Ziel sollte immer sein, bis zum Ende durchzuhalten. Wir müssen weitermachen, wenn wir, wie Molly, dreimal abgelehnt wurden – oder auch tausend Mal dreimal. Wir müssen weitermachen, wenn andere sagen, dass wir es nicht können. Wir müssen weitermachen, wenn der Feind seine Fallstricke auf unserem Weg auslegt. Wir müssen weitermachen, auch wenn unsere Vergangenheit ihre hässlichen Ketten um unsere Füße legt und versucht, uns für immer gefangen zu halten. Wir müssen weitermachen, weil Gott uns den besten Grund dafür gegeben hat – seinen Sohn Jesus, der uns aus der Finsternis in sein wunderbares Licht ruft (siehe 1. Petrus 2,9).

Eines wunderbaren Tages wird unser Durchhaltevermögen belohnt werden. Der Preis, von dem Paulus spricht, wird jede Prüfung und alle Schwierigkeiten, die wir auf unserem Weg meistern müssen, wert sein. Wir müssen Molly nacheifern, die unaufhörlich auf ihr Ziel hinarbeitete und nie aufgab. Ich bete, dass auch niemand von uns aufgibt.

Ich sorgte mehrere Jahre lang immer wieder für Molly und sie hörte nicht auf, mich zu überraschen und mich daran zu erinnern, wie besonders sie war. In ihrer sanften, aber bestimmten Art, führte sie jedes Mal alle anderen Hunde an. Und natürlich war sie mir nach wie vor immer einen Schritt voraus.

Gott tut nichts ohne Grund und sein Zeitplan ist immer perfekt. Er hatte Molly für Amy erwählt, weil er wusste, dass sie in den Tagen, die vor ihr lagen, ihren Trost brauchen würde. Und obwohl Molly auf Ablehnung stieß – nicht einmal, nicht zweimal, sondern dreimal –, wusste Gott genau, was er tat.

Gott hat auch für jeden von uns einen Plan. Und wenn wir stetig vorwärtsgehen; wenn wir vergessen, was hinter uns liegt, und bis zu dem Ziel, das er uns gesetzt hat, durchhalten, werden wir *eines wunderbaren Tages* in seinen perfekten Plan hineinkommen.

Lieber himmlischer Vater, ich kann den Tag kaum erwarten, an dem du uns Menschen, die wir dir treu sind, den Preis offenbarst, den du für uns bereithältst. Dein Wort sagt uns in Römer 8,20, dass die ganze Schöpfung auf diesen Tag hofft. Ich wurde damit gesegnet, für viele deiner Geschöpfe sorgen zu dürfen. Danke, dass du mir dadurch einen kurzen Blick auf deine Herrlichkeit gewährt hast. Ich bete in Jesu Namen. Amen.

8

Hollis — 40 Kilo gebündelte Energie

… doch die, die auf den Herrn warten, gewinnen neue Kraft. Sie schwingen sich nach oben wie die Adler. Sie laufen schnell, ohne zu ermüden. Sie gehen und werden nicht matt.
Jesaja 40,31

Was bekommst du, wenn du 40 Kilo purer Energie vier lange Beine hinzufügst? Einen Hund, der ohne Probleme einen 1,20 Meter hohen Zaun überspringt! Genau das tat eine liebenswerte, mir zur Pflege anvertraute Hundedame namens Hollis, sobald sie die Gelegenheit bekam.

Hollis, die neben 40 Kilo Energie auch 40 Kilo reiner Liebe in sich trug, war eine Mischlingshündin, die von ihren Besitzern gerade noch rechtzeitig aus einem Tierheim adoptiert worden war, bevor man sie eingeschläfert hätte. Ich lernte sie im November kennen, nachdem ihre Besitzerin Judy Kontakt zu mir aufgenommen hatte. Sie wollte meine Dienste in Anspruch nehmen, während sie und ihr Mann einen einwöchigen Urlaub machten. Wir vereinbarten ein Treffen, um die Details zu besprechen.

Judy und Jack wohnten in einer ruhigen, aber weitläufigen Wohngegend nur ein paar Kilometer von mir entfernt. Ich hatte dort bereits viele Kunden und manchmal fuhr ich die Strecke mehrmals am Tag. Es war früher Abend, als ich die mir vertraute Hauptstraße entlangfuhr und in die Straße von Judy und Jack abbog. Ihr Haus lag direkt gegenüber eines kleinen, aber idyllischen Parks mit einer Schaukel, durch den sich ein schmaler Weg hindurchschlängelte. Als ich vor die Garage fuhr, sah ich dort einige Kinder beim Spielen und einen Jungen, der mit einem Zwergschnauzer spazieren ging.

In der Garage öffnete sich eine Tür, die ins Haus führte, und ein mittelgroßer Mann mit dunkelgrauem Haar trat heraus. Er rief: »Hallo! Christi?«

Da ich bereits auf dem Weg zur Vordertür war, musste ich ein paar Schritte zurückgehen. »Ja«, sagte ich kichernd.

»Judy ist noch beim Einkaufen, aber komm doch herein, dann können wir uns unterhalten, bis sie zurückkommt.« Er trat einen Schritt zur Seite, um mich vorbeizulassen.

Ich huschte hinein und wurde sofort von einer großen Hundedame mit kurzem, hellbraunem Fell begrüßt.

»Das ist natürlich Hollis und ich bin Jack.« Er drängte Hollis mit seinem Knie zurück, aber sie drückte ihre feuchte Schnauze in meine Hand, als wolle sie mich zwingen, sie zu streicheln.

»Hi, Hollis«, sagte ich, während ich mit beiden Händen ihren Kopf streichelte und sie hinter den Ohren kraulte. Sie wedelte so heftig mit dem Schwanz, dass er gegen beide Wände des schmalen Flurs schlug und ein lautes Geräusch verursachte. Ich zuckte bei jedem Knall zusammen, weil sich das schmerzhaft anhörte!

»Komm herein und setz dich«, sagte Jack, als er mich ins Wohnzimmer führte. Er selbst ließ sich auf einen großen, dunkelblauen Fernsehsessel nieder und sagte: »Hollis, Platz!« Hollis ignorierte ihn und schob weiter ihre Schnauze in meine Hand. Dann drängte sie sich an meine Beine, sodass ihr wedelnder Schwanz jetzt gegen meine Schenkel schlug, was jedes Mal einen stechenden Schmerz auslöste.

»Hollis, Platz!«, sagte Jack erneut, jetzt in einem schärferen Ton. Diesmal legte sie sich, immer noch schwanzwedelnd, neben dem Fernsehsessel nieder.

Jack erklärte mir, dass sie jemanden brauchten, der Hollis morgens und abends fütterte und sie dreimal täglich hinausließ. Sie war erst zwei Jahre alt und hatte eine Menge Energie (offensichtlich!), und sie liebte es, ausgeführt zu werden.

Dann hörte ich, dass jemand zur Hintertür hereinkam. Hollis sprang auf und rannte hinaus.

»Hollis, warst du ein braves Mädchen?«, sagte eine weibliche Stimme im Flur. Dem folgte das Knistern von Plastiktüten und dann trat eine große Frau mit kurzem Haar ins Zimmer.

»Hallo! Ich bin Judy«, sagte sie lächelnd. Aufgrund ihrer Größe stand ich auf und gab ihr die Hand.

»Ich sehe, du hast unser Mädchen schon kennengelernt«, sagte Judy, während Hollis um sie herumtanzte. Wir unterhielten uns ein paar Minuten und nachdem sie mir gesagt hatte, dass Hollis gern Ball spielte, zeigte sie mir ihren Garten. Er war mittelgroß und mit einem 1,20 Meter hohen Holzzaun umgeben, der ihn von den Nachbargärten abgrenzte.

Judy sagte, alles, was Hollis jeden Tag brauche, seien ein paar Minuten Ballspiel und dann vielleicht noch einen kurzen Spaziergang im Park. Ich fragte mich jedoch, wie sich ein derart energiegeladener Hund bei diesem geringen Maß an Bewegung austoben sollte.

Judy sagte mir auch, dass Hollis gern sprang, und dass es ihr schon hin und wieder gelungen war, den Zaun zu überwinden.

»Aber früher oder später kommt sie immer wieder zurück«, sagte Judy, während sie Hollis einen missbilligenden Blick zuwarf. Ich sagte nichts, aber angesichts dieser Offenbarung war ich nicht begeistert. Dann zeigte Judy mir ein langes Seil, das im Boden verankert war. Sie befestigte es an Hollis' Halsband, wenn sie glaubte, dass sie in der Stimmung war, über den Zaun zu springen, aber es war gleichzeitig lang genug, dass sie einem Ball nachjagen konnte.

»Davon werde ich wahrscheinlich oft Gebrauch machen«, sagte ich. Hollis würde sich mit mir allein vermutlich eine Zeit lang nicht wohlfühlen und womöglich weglaufen, um nach ihren Besitzern zu suchen. Dazu wollte ich ihr keine Gelegenheit geben. Ich hatte Angst, dass sie sich dabei verletzen könnte.

Ich notierte mir die Termine, an denen ich nach Hollis sehen sollte. Mein erster Einsatz würde in zwei Wochen stattfinden. Dann verabschiedete ich mich und Hollis und Judy begleiteten mich zur Tür.

Als ich am ersten Tag ankam, ging ich durch die Garage ins Haus. Judy hatte mir den Code für das Garagentor gegeben. Kaum hatte ich die Verbindungstür zum Wohnbereich geöffnet, rannte Hollis auf mich zu und hieß mich so stürmisch willkommen, dass sie mich fast umwarf.

»Hi, Hollis! Du musst mich erst einmal hereinlassen!«, sagte ich. Sie wedelte wieder so heftig mit dem Schwanz, dass er laut gegen beide Wände des schmalen Flurs schlug.

»Autsch!«, sagte ich und zuckte zusammen.

Ich bahnte mir einen Weg an dem 40 Kilo schweren Energiebündel vorbei und ging zu der Tür, die in den Garten führte. »Nun komm. Lass uns nach draußen gehen und Ball spielen!«

Hollis lief mir tänzelnd voraus. Glücklicherweise hatte Judy das Ende der langen Leine, die draußen im Boden verankert war, unter die Hintertür gezogen. Das war eine großartige Idee – so konnte ich sie an Hollis' Halsband befestigen, bevor ich die Tür öffnete. Sonst hätte sie sich vielleicht aus meinem Griff befreit und wäre geradewegs über den Zaun gesprungen.

»Halt still, Mädchen«, sagte ich, während ich versuchte, den zappelnden Hund anzuleinen. Schließlich schaffte ich es und öffnete die Tür. Sie raste davon wie ein Hund, der viel zu lange im Haus eingesperrt gewesen war, und ich war froh über die Leine. Kurz bevor Hollis ihre maximale Länge ausgeschöpft hatte, merkte sie, dass sie festgebunden war, und blieb stehen. Das hatte sie beim ersten Mal, als sie an der Leine war, vermutlich schnell gelernt.

Auf der Veranda lag ein Tennisball auf dem Tisch. Als ich ihn in die Hand nahm, blieb Hollis sofort wachsam und voller Erwartung stehen. Ich warf den Ball und sie sprang etwa 1,20 Meter hoch und fing ihn in der Luft.

»Gutes Mädchen!«, sagte ich, als sie ihn mir zurückbrachte. Ich warf den Ball noch einige weitere Male und wieder schnappte sie ihn sich in der Luft. Aber ich fühlte mich nicht gut dabei, weil sie dem Ball angeleint nicht wirklich nachlaufen konnte. Deshalb beschloss ich, sie von der Leine zu lassen. Schließlich war sie ganz vertieft in das Spiel und würde deshalb sicher nicht über den Zaun springen wollen.

Ich löste sie so unauffällig, wie ich konnte, und hoffte, Hollis würde gar nicht bemerken, dass sie nicht länger an der Leine war. Ich versuchte, ihre Aufmerksamkeit auf den mittlerweile schleimigen und schmutzigen Tennisball gerichtet zu halten. Als ich ihn erneut warf, rannte sie ihm nach und erwischte ihn abermals in der Luft. Sie brachte ihn mir und legte ihn zu meinen Füßen ab. Ich seufzte vor Erleichterung und warf den Ball ein weiteres Mal.

In einer einzigen, nahtlosen Bewegung fing sie den Ball in der Luft – und flog über den Zaun!

So etwas hatte ich noch nie gesehen.

»Hollis!«, schrie ich. Ich rannte zum Zaun, aber sie war weg. Panisch hechtete ich ins Haus und zur Vordertür wieder hinaus, nur um zu sehen, wie Hollis auf den Park gegenüber der Straße zulief.

»Hollis, komm her, Mädchen!«, rief ich, so ruhig ich es schaffte. Sie drehte sich kein einziges Mal um, während sie mit langen Sprüngen durch den Park setzte. Ich rannte über die Straße und betete, dass keine anderen Hunde oder Autos in der Nähe waren, die sie in ihrem Sprint noch anstachelten. Aber auch ohne zusätzlichen Anreiz hatte ich keine Chance, sie einzuholen. *Herr, bitte bring sie zurück*, betete ich, als ich hilflos mitten im Park stand.

Warum habe ich das getan?, fragte ich mich. *Ich hätte sie niemals von der Leine lassen dürfen!*

Ich beobachtete, wie sie in einer Ecke des Parks umherstrich. Dann lief sie plötzlich auf mich zu. »Komm, Mädchen!«, rief ich und betete, dass sie weitergehen würde. Als sie näher kam, streckte ich in der Hoffnung, ich könnte sie fangen, bevor sie an mir vorbeirannte, die Arme aus. Und tatsächlich bekam ich ihr Halsband zu fassen. Ich klammerte mich daran fest, als hinge mein Leben davon ab.

»Oh danke, Herr!«, sagte ich mit einem tiefen Seufzer der Erleichterung. Hollis hechelte und sah mit heraushängender Zunge zu mir auf. Der Ausflug hatte ihre Energie erschöpft. Jetzt war ihre kleine Eskapade vorüber.

An ihrem Halsband zog ich sie über die Straße und zur Haustür hinauf. Im Haus lief sie sofort zu ihrer Wasserschüssel. Meine Hände zitterten immer noch. »Das machen wir nicht noch einmal«, sagte ich, während sie trank. Mit weichen Knien ging ich zum Sofa und setzte mich. Hollis folgte mir kurze Zeit später und stupste mich mit ihrer nassen Schnauze an. Dann legte sie ihren Kopf in meinen Schoß. *Das hat sie garantiert schon öfter gemacht*, sagte ich zu mir selbst. *Und sie weiß genau, wie es funktioniert!*

Ich konnte nicht anders, als ihren Kopf zu streicheln, und als sie eine Pfote auf meinen Schenkel legte, wie um sich zu entschuldigen, schmolz mein Herz dahin. Ich blieb noch ein paar Minuten mit ihr sitzen und gab ihr einen Hundekeks. Doch sie musste gespürt haben, dass ich im Begriff war zu gehen, denn sie ließ ihn auf den Küchenboden fallen und warf mir einen tieftraurigen Blick zu.

»Ich komme bald wieder. Ich verspreche es«, sagte ich und tätschelte ihren Kopf. Sie folgte mir zur Haustür und beobachtete mit einem bemitleidenswerten Ausdruck auf dem Gesicht, wie ich die Tür zwischen uns zuzog.

Meine nächsten Besuche bei Hollis waren zum Glück nicht so ereignisreich. Aber es war eine Herausforderung für mich, Möglichkeiten zu finden, wie sie sich austoben konnte. Ich ging mit ihr im Park spazieren, aber wenn uns ein Eichhörnchen oder ein anderer Hund begegnete, hatte ich alle Hände voll zu tun, sie festzuhalten. Ich lehrte sie, an der Leine zu gehen und nicht allem hinterherzurennen, was sich bewegte. Wir machten auch Fortschritte, aber Hollis brauchte noch viel Training.

Jedes Mal, wenn ich sie verlassen musste, sah sie so traurig aus. Ich sehnte Jacks und Judys Rückkehr herbei, weil ich sah, dass Hollis zu viel allein war. Doch die Woche war schnell vorüber und Hollis' Besitzer kamen zurück. Judy erzählte mir, dass Hollis ganz außer sich vor Freude gewesen sei, als sie zur Tür hereinkamen. Ich war immer sehr erleichtert, wenn die Tiere, um die ich mich gekümmert hatte, wieder mit ihren Besitzern vereint waren. Es musste hart für sie sein, plötzlich von ihrer Familie getrennt zu sein, ohne zu wissen, ob sie jemals wiederkommen würden. Ich wünschte mir immer so sehr, ich könnte ihnen begreiflich machen, dass ihre Familie sie nicht verlassen hatte und bald wieder da sein würde.

Jack und Judy wurden zu Stammkunden und ich sorgte in den nächsten zwei Jahren noch oft für Hollis. Mehrere Male gab ich ihr noch einen Vertrauensbonus und ließ sie im Garten von der Leine – nur um dann zuzusehen, wie sie über den 1,20 Meter hohen Zaun sprang, als sei er gar nicht da. Aber zum Glück lief sie dann nicht mehr weg, sondern setzte sich vor die Haustür und wartete darauf, dass ich sie hereinließ.

Mit der Zeit liebte ich Hollis immer mehr. Sie war ein reizender Hund und voller Liebe. Sie schaffte es selbst an meinen härtesten Tagen, mich aufzuheitern, indem sie mich bei meinen Besuchen begrüßte, als sei ich der wichtigste Mensch auf der Welt.

Im Dezember 2013 sollte ich wiederum zehn Tage lang für Hollis sorgen. Jack und Judy wollten über Weihnachten ihre Enkelkinder besuchen und freuten sich schon sehr darauf. Mein erster Einsatz war für den Abend des 24. Dezember 2013, einem kalten und trüben Tag, geplant. Am Morgen erhielt ich jedoch einen Anruf von Judy. Sie war sehr besorgt, weil Jack sich nicht gut fühlte und seine Haut eine gelbliche Färbung angenommen hatte. Sie wusste nicht, was sie tun sollten. Die Praxis ihres Hausarztes war über Weihnachten geschlossen und so bat sie mich um meinen Rat.

Ich wusste, dass Jack Gelbsucht hatte, und sagte ihr, sie solle ihn umgehend in die Notaufnahme des nächstgelegenen Krankenhauses bringen. Das war auch ihr Gedanke gewesen, aber Jack war ein sehr dickköpfiger Mann. Ich hatte bisher nur das eine Mal bei meinem ersten Besuch vor einigen Jahren mit ihm gesprochen, als wir die Details von Hollis' Pflege abklärten, aber wenn Judy und ich telefonierten, erzählte sie mir oft, was sie und Jack unternommen hatten oder welche Neuigkeiten es bei ihnen gab. Auf diese Weise hatte ich auch Jack ein bisschen besser kennengelernt.

Judy und Jack waren sehr gegensätzlich. Judy war offen und lebhaft, Jack hingegen war sehr ruhig und kein Mann vieler Worte. Deshalb verstand ich es, als sie mir sagte, dass es sehr schwierig würde, ihn davon zu überzeugen, in die Notaufnahme zu gehen – und das auch noch an Heiligabend. Aber nachdem sie mehrere Stunden auf ihn eingeredet hatte, erklärte er sich schließlich dazu bereit. Sie rief mich nochmals an und bat mich, mit meinem Besuch bei Hollis noch zu warten, bis sie mehr wusste.

Einige Stunden später rief sie mich erneut an. Sie waren immer noch im Krankenhaus, sodass mein Besuch bei Hollis nun doch nötig war.

Nur wenige Minuten nach unserem Telefonat war ich dort. Als ich ausstieg, fiel mir auf, wie ruhig es in der Nachbarschaft war. Ich hörte keine Kinderstimmen aus dem Park auf der anderen Straßenseite, und der graue Himmel in Verbindung mit der Stille verliehen dem Heiligabend eine düstere Stimmung.

Ich gab den Code für das Garagentor ein und ging ins Haus. Sofort rannte Hollis herbei und begrüßte mich. Sie freute sich sehr, Gesellschaft zu haben, und wedelte in dem schmalen Flur so stark mit dem Schwanz, dass dabei die Plastikabdeckung einer Steckdose zu Bruch ging. »Oh Hollis!«, rief ich, während ich ihren Schwanz packte und nachsah, ob sie Schnittwunden davongetragen hatte. Doch sie war unverletzt und drängte sich immer noch schwanzwedelnd an mich. Ich schob sie zur Seite und hob die Plastiksplitter vom Boden auf.

»Komm, Mädchen, lass uns nach draußen gehen«, sagte ich und schob mich an ihr vorbei. Sie sprang zur Hintertür und wartete darauf, dass ich sie öffnete.

Ich war nicht in der Stimmung, sie wieder über den Zaun entwischen zu lassen, deshalb befestigte ich zuerst die Leine an ihrem Halsband, bevor ich sie hinausließ. Übermütig stürmte sie in den Garten, soweit das Seil es zuließ. Wiederum fiel mir die Stille auf. Es schien, als wären Hollis und ich die einzigen Lebewesen in der ganzen Nachbarschaft. Ich hörte kein anderes Geräusch als das leise Klimpern der Metallschließen an Hollis' Halsband.

Ich warf ein paarmal den Ball für sie, aber dann brachte ich sie zurück ins Haus. Ich fühlte mich, als hätte mich eine düstere Wolke eingehüllt. Ich wusste, dass Judy sich Sorgen um Jack machte – ich hatte es bei unserem letzten Telefonat in ihrer Stimme gehört. Ich wusste auch, wie wichtig es ihnen war, an Weihnachten ihre Enkelkinder zu sehen.

Auch ich hatte Pläne für Weihnachten, aber ich konnte mich nicht darauf freuen, solange ich nicht wusste, dass mit Jack alles in Ordnung war.

Sobald sie im Haus war, lief Hollis in eines der hinteren Zimmer. Ich wusste genau, was sie tat. Dort bewahrte Judy Hollis' Spielsachen auf. An Weihnachten vor einem Jahr hatte ich Hollis einen Stofftiger geschenkt, der quietschte, wenn man ihn drückte. Er wurde zu Hollis' Lieblingsspielzeug, und wenn ich kam, um sie zu versorgen, brachte sie ihn mir oft.

Ich ließ mich auf Jacks großen, blauen Fernsehsessel im Wohnzimmer fallen, neben dem ein Kaffeetisch und eine Couch standen. Hinter der Couch befand sich ein weiterer langer Tisch.

Hollis kam mit dem Tiger im Maul aus dem hinteren Zimmer gerannt und sprang mit einem Satz über den Tisch, die Couch und den Kaffeetisch und landete zu meinen Füßen, wo sie den Tiger ablegte!

Ich konnte kaum glauben, was ich gerade gesehen hatte. Zum Glück hatte ich sie im Garten nicht von der Leine gelassen, sonst hätte sie dasselbe mit dem Zaun gemacht. Ich lachte und war zugleich sehr dankbar, dass sich die melancholische Stimmung, die mich wie ein dichter Nebel umgab, zumindest für diesen Moment ein wenig aufhellte.

Gerade als ich den Tiger aufhob, klingelte mein Handy. Es war Judy. Ich hörte den Kummer in ihrer Stimme. Sie waren auf dem Heimweg, aber es gab keine guten Nachrichten – sie konnten ihre Reise nicht antreten. Sie versprach mir, mich später nochmals anzurufen, und dankte mir dafür, dass ich nach Hollis gesehen hatte.

Mir wurde das Herz schwer.

Hollis stand mit zur Seite geneigtem Kopf vor mir. Sie wartete darauf, dass ich mit dem Tiger und ihr Tauziehen spielte. Ein paar Minuten lang tat ich ihr den Gefallen, aber dann stand ich auf, um zu gehen. Ich wollte nicht hier sein, wenn Jack und Judy nach Hause kamen.

Am nächsten Tag rief Judy mich wieder an. Bei Jack war Bauchspeicheldrüsenkrebs im 4. Stadium diagnostiziert worden.

… doch die, die auf den Herrn warten, gewinnen neue Kraft. Sie schwingen sich nach oben wie die Adler. Sie laufen schnell, ohne zu ermüden. Sie gehen und werden nicht matt.

Jesaja 40,31

Ich habe meine Arbeit als Haustiersitterin immer als eine Möglichkeit gesehen, Gott zu dienen. Er ließ mich viele unglaubliche Situationen erleben, in denen ich beobachten durfte, wie er in meinem Leben und im Leben meiner Kunden wirkte, während ich etwas so Einfaches tat, wie mich um ihre Haustiere zu kümmern. Doch so begierig ich auch darauf war, Gottes Liebe an meine Kunden weiterzugeben, musste ich stets einen Schritt zurück machen und Gott erlauben, seine Pläne nach seinem Zeitplan – nicht nach meinem – zu verwirklichen.

Es ist mir noch nie leichtgefallen zu warten, aber ich bin dabei zu lernen, dass das Warten auf ihn die einzige Möglichkeit ist, wie sich sein vollkommener Wille erfüllt. Mein erster, instinktiver Impuls besteht immer darin, auf den Weg zu springen und Gott auf *meiner* Reise mitzuziehen. Aber in seiner vollkommenen und liebevollen Geduld hilft er mir zu erkennen, dass es anders herumlaufen muss. Ich muss auf ihn warten und zulassen, dass er die Führung übernimmt, während wir den Weg zusammen gehen, denn nur dann kann er meinen Weg ebnen (siehe Sprüche 3,6).

Der Weg, auf den Gott mich jetzt führte, war schwierig, aber letztendlich sollte er zu einer weiteren Offenbarung seiner Herrlichkeit werden. Und sein Zeitplan hätte nicht vollkommener sein können.

Während der nächsten Wochen versuchte Judy einen Weg zu finden, ihr Leben, das nun komplett auf den Kopf gestellt war, zu meistern. Jack musste sich mehrmals pro Woche einer Chemotherapie unterziehen und an diesen Tagen besuchte ich Hollis, damit sie nicht so viel allein war.

Judy vertraute mir an, dass Jack extrem still und apathisch geworden war. Er war ohnehin ein eher ernster Charakter, doch seit er die Diagnose bekommen hatte, verhielt er sich noch distanzierter. Ein Nachbar, der einen Pastor zum Freund hatte, fragte Jack mehrmals, ob dieser ihn besuchen und mit ihm beten dürfe, aber Jack lehnte sein Angebot immer wieder ab. Schließlich gab er Judys inständiger Bitte, es doch anzunehmen, nach. Als der Pastor kam, sagte er ihm jedoch, er solle sich mit seinem Gebet beeilen, und begleitete ihn, so schnell es ging, zur Tür.

Gott drängte mich dazu, mit Jack zu sprechen, und ich bat ihn, mir eine Möglichkeit zu zeigen, wie ich ihn erreichen konnte. Nach dem Zwischenfall mit dem Pastor wusste ich, dass Jack nicht offen dafür wäre, wenn ich mit ihm über Gott sprach oder auch nur erwähnte, wie sehr Gott ihn liebte. Aber jedes Mal, wenn ich während Jacks Chemotherapie Hollis besuchte, brachte ich den beiden ein Abendessen mit. Judy sagte mir, wie sehr Jack das Essen mochte. Er musste mehrmals in die Notaufnahme gebracht werden und einige Male besuchte ich ihn und Judy, während sie auf das Ergebnis der durchgeführten Untersuchungen warteten. Jack sagte Judy später, wie sehr er meine Anwesenheit geschätzt hatte.

Ich konnte spüren, wie Gott an der harten Schale von Jacks Herz arbeitete und ein winziges Stück ums andere abbröckelte.

Etwa ein Jahr, nachdem er die Diagnose bekommen hatte, wurde Jack immer schwächer. Judy erzählte mir, dass er viel schlief und immer noch weiter an Gewicht verlor, obwohl er bereits sehr abgemagert war. Die Ärzte sagten, dass der Tumor wuchs.

Ich wusste, dass eine tiefe Traurigkeit von Judy Besitz ergriffen hatte, denn ich spürte jedes Mal, wenn ich Hollis besuchte, die bedrückende Atmosphäre im Haus. Auch Hollis merkte, dass etwas nicht stimmte. Sie wollte nicht mehr spielen und versuchte auch nicht mehr, über den Zaun zu springen. Die meiste Zeit saß ich still auf Jacks Fernsehsessel mit Hollis' Kopf auf meinem Schoß.

Ich fühlte mich hilflos. Es gab so vieles, das ich Jack sagen wollte, aber ich fürchtete mich davor, dass er mich zurückweisen oder zornig werden könnte. Doch er wurde immer schwächer und meine Möglichkeiten, mit ihm zu sprechen, immer weniger. *Herr,* betete ich, *wenn es dein Wille ist, bitte gib mir nur eine Gelegenheit. Erlaube mir, mit Jack zu reden.*

In derselben Woche hatte ich einen Termin beim Hautarzt, weil ich einen Fleck auf dem Arm hatte, der irgendwie seltsam aussah. Der Arzt führte eine Biopsie durch, aber er sagte, es sehe nicht aus, als müsse ich mir Sorgen machen. Also ging ich wieder und vergaß die ganze Sache. Es war Anfang Dezember und ich war ganz von den Weihnachtsvorbereitungen in Anspruch genommen.

Ein paar Tage später rief er mich an und teilte mir mit, dass der Fleck auf meinem Arm wider Erwarten ein Melanom war. Er wollte sofort einen Termin mit mir vereinbaren, um es zu entfernen. Weil ich jedoch gerade so viel zu tun hatte, fragte ich ihn, ob wir den Termin auf das nächste Jahr verschieben könnten.

Ich werde seine Antwort nie vergessen. »Christi, je länger Sie den Fleck auf Ihrem Arm lassen, umso größer ist die Gefahr, dass er Sie Ihr Leben kosten wird. Ich möchte, dass Sie verstehen, wie ernst das ist. Ein Melanom kann tödlich sein und es muss *jetzt* entfernt werden. Ich werde nächste Woche noch einen Termin für die Operation finden.«

Seine Worte belasteten mich schwer. Es war, als hätte jemand eine Ladung Felsbrocken über mir ausgeleert. Fassungslos legte ich auf und sah dann auf den winzigen roten Punkt auf meinem Unterarm, der noch von der Biopsie heilte. Ich hörte mein Blut rauschen, bevor mich eine nie gekannte Kälte überkam.

Ich holte mein Smartphone heraus und forschte im Internet nach, was ein Melanom genau bedeutete. Was ich fand, hörte sich nicht gut an. Ich hatte Angst.

Ich kann mich nicht mehr genau daran erinnern, was mir in diesem Moment alles durch den Kopf ging, aber ich rief Judy an. Sie sagte mir, ich solle am Abend zu ihnen kommen. »Komm und rede mit Jack«, sagte sie.

Hollis lief mir entgegen und hieß mich willkommen, als ich ins Wohnzimmer kam, wo Jack auf seinem Fernsehsessel saß. Judy umarmte mich fest. Das war so typisch für sie – sie war so voller Liebe für alle anderen, obwohl sie selbst gerade durch die Hölle ging. Jack hatte eine große, flauschige Decke über sich gebreitet. Dennoch sah ich, wie abgemagert er war. Ich hatte ihn schon seit Monaten nicht mehr gesehen und war schockiert. Er begrüßte mich und fragte mich nach meinem Telefonat mit dem Arzt.

In diesem Moment spürte ich, wie eine große Welle übernatürlicher Kraft in mir aufstieg. Als ich Jack und Judy von meiner Unterhaltung mit dem Arzt erzählte, erfüllte Gott mich mit großer Liebe zu Jack. Ich erzählte ihnen, was Gott in meinem Leben getan hatte, und von meiner Gewissheit, dass ich, ganz gleich, was passieren mochte, die Ewigkeit mit dem Schöpfer des Himmels und der Erde verbringen würde.

Und weißt du was? Jack hörte mir aufmerksam zu. Er forderte mich nicht auf, mich zu beeilen. Er begleitete mich nicht zur Tür. Er hörte zu. Dann sagte er mir, dass er verstand, was ich fühlte; dass es furchtbar war, die Diagnose Krebs zu bekommen. Ich hörte den Zorn in seiner Stimme, doch statt sich zu verschließen, war er schonungslos ehrlich. Als es Zeit für mich war zu gehen, sagte er, dass ich ihm geholfen hätte und er hoffe, auch mir eine Hilfe gewesen zu sein. Ich versicherte ihm, dass er mir sehr geholfen hatte und ich jetzt eine Ahnung davon besaß, wie er sich fühlte.

Ich weinte auf der Heimfahrt. Es war einfach überwältigend, was Gott gerade getan hatte. Sein Zeitplan war perfekt und ich dankte ihm dafür, dass er die Gelegenheit geschaffen hatte, für die ich gebetet hatte, auch wenn das bedeutete, dass ich möglicherweise denselben Weg gehen würde wie Jack. Aber irgendwie spielte das keine Rolle. Das war meine eigene Diagnose wert, denn ich konnte Jack in diesem Moment auf eine Weise verstehen, wie es niemand anders vermochte, und vielleicht würde ich eines Tages in der Ewigkeit das Ergebnis all dessen sehen, was an diesem Abend in Jacks und Judys Wohnzimmer geschehen war.

Einige Tage später verschlechterte sich Jacks Zustand. Ich wollte etwas tun und so schrieb ich ihm einen Brief, in dem ich einige Dinge erwähnte, über die wir an diesem Abend bei ihm zu Hause gesprochen hatten. Außerdem fügte ich meinen Lieblingspsalm an, den Psalm 23:

> Der Herr ist mein Hirte, ich habe alles, was ich brauche. Er lässt mich in grünen Tälern ausruhen, er führt mich zum frischen Wasser. Er gibt mir Kraft. Er zeigt mir den richtigen Weg um seines Namens willen. Auch wenn ich durch das dunkle Tal des Todes gehe, fürchte ich mich nicht, denn du bist an meiner Seite. Dein Stecken und Stab schützen und trösten mich. Du deckst mir einen Tisch vor den Augen meiner Feinde. Du nimmst mich als Gast auf und salbst mein Haupt mit Öl. Du überschüttest mich mit Segen. Deine Güte und Gnade begleiten mich alle Tage meines Lebens, und ich werde für immer im Hause des Herrn wohnen.

Ich gab Judy den Brief und sie las ihn Jack vor. Noch am selben Abend rief sie mich an. Jack war kein Mann vieler Worte und es gab nur wenig, das ihn beeindruckte, aber er hatte ihr gesagt, dass mein Brief ihn sehr berührt hatte. Sie dankte mir immer wieder dafür.

Nur wenige Tage später starb Jack.

Meine Operation war für den darauffolgenden Tag geplant. Der Arzt war zuversichtlich, dass sie das ganze Melanom entfernt hatten, und sagte, dass die Krebszellen noch nicht so tief vorgedrungen seien, dass eine Chemotherapie erforderlich gewesen wäre.

Ich dankte Gott für seinen perfekten Zeitplan. Wenn ich nicht auf ihn gewartet hätte, hätte Jack vielleicht nicht angenommen, was ich ihm sagte. Aber Gott wusste, was Jack brauchte und wann er es brauchte, und er wusste auch, was ich brauchte. Ist es nicht wunderbar, wie er wirkt? Wie er das Leben von Menschen für seinen vollkommenen Zweck miteinander verknüpft? Ich glaube, eines Tages werde ich Jack wiedersehen – gesund und nicht länger vom Krebs gequält.

Hollis war bei Jack, als dieser seinen letzten Atemzug tat. Ihr großes Herz war gebrochen, aber ich wusste, dass es heilen würde. Schon bald gewann ihr Verlangen, über den Zaun im Garten zu springen, wieder die Oberhand, und weder Judy noch ich konnten ihr deswegen böse sein. Darüber hinaus war Hollis Judy in ihrer Trauer um Jack ein großer Trost.

In den beiden folgenden Jahren sorgte ich noch öfter für Hollis, bis Judy ganz unerwartet starb. Ich hatte eine wunderbare Freundin verloren, aber Hollis hatte ihre liebevolle Besitzerin verloren. Die Enkelkinder von Jack und Judy nahmen Hollis zu sich, und ich hörte, dass es ihr gut ging und sie ihre neue Familie ebenso lieb gewonnen hatte wie die Familie sie.

Lieber Herr, danke, dass du mich immer wieder daran erinnerst, dass dein Zeitplan perfekt ist und wir nichts Besseres tun können, als auf dich zu warten. Danke, dass du mir durch eine großherzige Hündin namens Hollis die Möglichkeit geschenkt hast, das hart gewordene Herz ihres Besitzers zu berühren. Eines Tages werden wir das Ergebnis unseres Gehorsams dir gegenüber sehen und das wird ein freudiger Tag sein! Du erneuerst meine Kraft und schenkst mir deine Gnade, während ich den Weg gehe, den du für mich bereitet hast. In Jesu Namen. Amen.

9

Toto — Hündin mit Biss

Seid stattdessen freundlich und mitfühlend zueinander und vergebt euch gegenseitig, wie auch Gott euch durch Christus vergeben hat.
Epheser 4,32

Mein Herz machte einen Sprung, als ich die Zeitung aufschlug und mein Blick auf die Annonce fiel. Eine Woche zuvor hatte ich mein Haustiersitting-Unternehmen gegründet und meine erste Werbeanzeige dafür aufgegeben, die in der heutigen Ausgabe erschien. Bei meinen Plänen stand der finanzielle Aspekt viel weniger im Vordergrund, als du vielleicht denkst – ich wollte nur den ganzen Tag mit Tieren zusammen sein. Da ich bereits vier Hunde und vier Pferde besaß, war mein Mann nicht begeistert von der Aussicht, noch mehr Tiere durchfüttern zu müssen. Auf die Tiere anderer Menschen aufzupassen, war eine Möglichkeit, wie ich trotzdem noch für viele andere von Gottes Geschöpfen sorgen konnte, ohne sie zu adoptieren. Das war ein wunderbarer Kompromiss!

Einer der Anrufe, die ich gleich am nächsten Tag bekam, war von Mary. Sie lebte schon sehr lange in der Stadt, in die ich gerade erst gezogen war. Sie benötigte eine Unterkunft für ihre zwei Peekapoos, aber sie wollte nicht, dass sie in einem Zwinger gehalten wurden. Weil sich beide Hunde unterhalb der Gewichtsgrenze befanden, die ich für die Unterbringung bei mir zu Hause festgelegt hatte, vereinbarten wir einen Termin, an dem sie zu mir kommen sollte, um sich die Gegebenheiten anzusehen und die weiteren Details zu besprechen.

Es war früh im Januar – ein Monat, der in meiner Stadt immer kalt, trüb und extrem nass ist. Ich stamme ursprünglich aus Florida und komme mit dem Winter nicht gut zurecht. Wo ich aufgewachsen bin, dauert das winterliche Wetter gerade mal einen Tag an, deshalb war ich auf einen richtigen Winter nicht vorbereitet.

Am Tag des vereinbarten Termins ging ich nach draußen, um dort auf Mary zu warten. Ich zitterte vor Kälte und ärgerte mich darüber, dass alle meine Freunde in Florida jetzt Sonnenschein und perfektes Wetter genießen konnten. Schließlich fuhr ein Auto heran und Mary winkte mir zu. Am hinteren Fenster sah ich ein grau-weißes Fellgesicht, das sich gegen die Scheibe presste. Mary hielt an und öffnete die Tür.

»Hi, wie geht es Ihnen?«, fragte sie etwas zerstreut. Ein weiteres graues Fellbündel sprang vom Beifahrersitz auf Marys Schoß.

Ich lachte, während ich zusah, wie sie die Arme um den Hund schlang und ihn auf den Boden setzte. Dann stieg sie aus, öffnete die hintere Tür und schnappte sich schnell den zweiten grau-weißen Hund, bevor er aus dem Auto springen konnte.

»Seid jetzt nett, Mädels«, sagte sie und leinte beide an. Dann wandte sie sich mir zu und sagte: »Das ist Toto«, während sie auf die kleinere der beiden Hündinnen zeigte. Toto war grau und hatte einen langen, flauschigen Schwanz. Sie zog in alle möglichen Richtungen, so weit ihre Leine es zuließ. Ihr Körper stand aufrecht auf ihren kurzen Beinen. Sie nieste und schnaubte und schüttelte den Kopf. Mir fiel ihr bewundernswerter Unterbiss auf, der ihrem platten Gesicht noch mehr Ausdruck verlieh.

»Hi, Toto«, sagte ich und streckte die Hand nach ihr aus. Sie warf mir einen blasierten Blick zu und trottete von mir weg.

»Und das ist Lucy«, sagte Mary und zog die größere der beiden Hündinnen an der Leine näher zu uns heran. Lucy lief sofort auf mich zu, stellte sich auf die Hinterbeine und legte ihre Vorderpfoten auf meine Knie. »Hi, Lucy!«, sagte ich und streichelte ihren Kopf. Sie wedelte mit dem Schwanz und wartete auf noch mehr Aufmerksamkeit. Lucys Fell war lockiger und in einem dunkleren Grau, mit weißen Beinen und weißen Flecken auf ihrer Brust und ihrem Gesicht. Sie hatte lange Glieder und einen langen, schlanken Körper.

»Sind sie wirklich beide Peekapoos?«, fragte ich.

Mary nickte.

»Sie sehen sehr unterschiedlich aus«, sagte ich.

»Ja, sie sind von verschiedenen Züchtern.«

Ich führte Mary herum und zeigte ihr den eingezäunten Bereich, in dem die Hunde spielen konnten. Ich erklärte ihr, dass ich Lucy und Toto zu meinen eigenen Hunden lassen würde, wenn sich alle vertrugen.

Mary zog es jedoch vor, dass Lucy und Toto für sich blieben, weil sie nicht gern mit anderen Hunden spielten. Also gingen wir ins Haus und ich zeigte Mary das Zimmer, in dem Lucy und Toto allein bleiben konnten. Es schien auch ihr als die perfekte Lösung und wir vereinbarten einen dreitägigen Aufenthalt für ihre beiden »Mädchen«.

Am vereinbarten Tag brachte Mary Toto und Lucy schon früh am Morgen zu mir nach Hause. Sie hatte ihre Lieblingsbetten, ihre Lieblingsspielsachen und -leckerbissen mitgebracht. Ich merkte, dass es ihr ein wenig Sorge bereitete, die beiden zum ersten Mal bei mir zu lassen, aber Toto und Lucy trotteten herein, als seien sie schon hunderte Male zuvor hier gewesen. Im Gegensatz zu Mary schien keiner der beiden Hunde nervös zu sein.

Doch ich konnte sie verstehen. Zum ersten Mal die Dienste eines Haustiersitters in Anspruch zu nehmen, ist so ähnlich, wie seine Kinder zum ersten Mal mit einem Babysitter allein zu lassen. Ich versicherte ihr, dass ich gut für Toto und Lucy sorgen und ihnen viel Liebe schenken würde. Immer noch ein wenig beunruhigt überließ Mary ihre Hunde schließlich meiner Obhut.

Das Zimmer für die beiden war bereits vorbereitet. Ich legte noch die Hundekissen hinein, die Mary mitgebracht hatte, und stellte ihnen einen Napf mit Wasser hin. Währenddessen rannten Toto und Lucy durchs Haus und beschnüffelten und erforschten alles. Ich hatte meine vier Hunde in einen anderen Teil des Hauses gebracht, aber sie merkten, dass etwas vor sich ging, und bellten pausenlos. Das schien Toto und Lucy jedoch nicht zu stören.

Dann brachte ich die Hündinnen in das Zimmer, in dem all ihre vertrauten Besitztümer waren, und schloss das Hundegitter. So konnten sie in den Rest des Hauses hinaussehen, waren aber von den anderen getrennt, wie Mary es gewünscht hatte. Sie legten sich sofort in ihre Betten und waren schon bald eingeschlafen. *Gute Hunde*, dachte ich und seufzte erleichtert.

Toto und Lucy waren perfekte Gäste. Sie waren ruhig und benahmen sich gut. Aber sie waren völlig unterschiedlich. Toto mochte es nicht, hochgehoben oder auch nur berührt zu werden. Mary hatte mir nicht viel darüber gesagt, wie ich mit ihr umgehen sollte, aber ich lernte schnell, dass Toto sehr unabhängig war. Einige Male schnappte sie auch nach mir. Sie selbst stellte keinen Kontakt her und wenn ich versehentlich ihr Gesicht oder ihre Pfoten berührte, gefiel ihr das gar nicht.

Lucy war ganz reizend. Sie liebte es, gehalten und gestreichelt zu werden. Sie verbrachte Stunden auf meinem Schoß, während ich am Computer arbeitete. Sobald ich mich irgendwo hinsetzte, sprang sie entweder auf meinen Schoß oder kuschelte sich an meine Füße. Und sie mochte es nicht, wenn ich Toto Aufmerksamkeit schenkte.

Als Mary kam, um ihre Hündinnen abzuholen, war sie erleichtert, dass alles problemlos verlaufen war. Sie vertraute mir an, dass Toto und Lucy manchmal in Streit gerieten. Aber ich versicherte ihr, dass sie sich während der Zeit, in der sie bei mir gewesen waren, gut vertragen hatten.

Da ich schon mein ganzes Leben lang Hunde um mich habe, weiß ich die Körpersprache, die einer Rauferei oder einer Meinungsverschiedenheit zwischen ihnen vorausgeht, zu deuten. Meistens kann ich eine Auseinandersetzung verhindern, noch bevor sie beginnt. Meine Hunde haben gelernt, dass es nicht klug ist, einen Streit vom Zaun zu brechen, wenn sie einen bestimmten missbilligenden Blick auf meinem Gesicht sehen.

Toto und Lucy kamen von dieser Zeit an regelmäßig in meine Obhut und ich liebte sie wie meine eigenen Hunde. Toto war weiterhin ein wenig verdrießlich und empfindlich, aber Lucy blieb liebevoll und umgänglich. Ich lernte, mit Totos Widerspenstigkeit umzugehen und ließ nie zu, dass sie den Eindruck gewann, die Oberhand (oder -pfote) zu haben. Ich wollte, dass sie mich als Autoritätsperson ansah, die sich nicht vor ihr fürchtete, sonst hätte sie womöglich ihren Vorteil daraus gezogen.

Alle Hunde, die in meiner Obhut waren, mussten akzeptieren, dass ich ihre Pfoten säuberte, wenn sie draußen gewesen waren. Würde ich das nicht tun, müsste ich 24 Stunden am Tag den Boden wischen! Alle Hunde mussten vor der Tür stehen bleiben und sich einer nach dem anderen die Pfoten putzen lassen, bevor sie ins Haus durften. Es war erstaunlich, wie schnell sie diese Routine lernten. Alle spielten brav mit... bis auf Toto. Sie hasste es, wenn jemand sie berührte. Deshalb lenkte ich sie mit einem Leckerbissen ab und rieb, während sie ihn kaute, schnell ihre Pfoten ab. Zum Glück war ich mit ihren Pfoten immer schneller fertig als sie mit ihrem Leckerbissen.

Im Laufe der Zeit fiel mir auf, dass Toto immer streitsüchtiger wurde. Es kam mir vor, als würde sie sich die meiste Zeit nicht wohlfühlen. Ich erwähnte das gegenüber Mary und als sie sie zu einer Untersuchung zum Tierarzt brachte, stellte dieser fest, dass Toto unter Diabetes litt.

Toto brauchte jeden Tag eine Insulinspritze. Ich hatte kein Problem damit, ihr die Spritze zu verabreichen, wenn sie bei mir war; ich hatte meine Pferde schon oft gespritzt. Meistens ließ Toto es auch willig über sich ergehen. Als sich ihr Zustand jedoch verschlechterte, versuchte sie mich zu beißen, sobald ich mich ihr mit der Spritze näherte.

Eines Morgens hatte sie damit Erfolg. Das war kein normales Zwicken mehr; ihre Zähne bohrten sich hart in meine Hand. So war ich noch nie gebissen worden. Schnell zog ich meine Hand zurück und lief zum Waschbecken, um die Wunde zu säubern. Leider betrachtete Toto meine Reaktion als Schwäche meinerseits und versuchte es von da an immer wieder.

So sehr ich Toto auch liebte, war ich nicht bereit, mich von ihr beißen zu lassen. Sie warnte mich auch nicht vorher, indem sie nur nach mir schnappte – sie wollte Blut sehen! Schließlich musste ich Mary sagen, dass ich Toto nicht mehr in Pflege nehmen konnte. Ihr Zustand und ihr Verhalten machten es mir unmöglich, weiterhin für sie zu sorgen.

Diese Entscheidung fiel mir sehr schwer und ich hoffte, dass es die richtige war. Zu diesem Zeitpunkt hatte ich mich über neun Jahre lang immer wieder um Toto und Lucy gekümmert. Für mich gehörten sie mittlerweile zur Familie, genauso wie Mary.

Ich rief Mary an und erzählte ihr, dass Toto mich gebissen hatte, jedoch ohne ihr zu sagen, wie oft sie es glücklicherweise erfolglos versucht hatte. Mary war sehr bestürzt und natürlich lag ihr meine Sicherheit am Herzen. Sie sagte mir, sie könne es verstehen, wenn ich mich nicht länger um Toto kümmern wolle, aber sie hoffe, dass ich es trotzdem tun würde. Ich fühlte mich sehr schlecht, deshalb erklärte ich mich bereit, nochmals darüber nachzudenken und mich dann wieder bei ihr zu melden.

Im Laufe der nächsten Tage betete ich viel über meine Entscheidung. Ich wollte nicht das Falsche tun. Ich wusste, dass es für jemand anderen schwierig wäre, auf Toto aufzupassen, und das brach mir das Herz. Ich konnte den Gedanken, dass sich jemand um sie kümmerte, den sie nicht kannte und der sie nicht verstand, nicht ertragen.

Ich muss zugeben, dass sich meine Gefühle gegenüber Toto verändert hatten. Ich vertraute ihr nicht mehr, und so sehr ich sie auch liebte, gefiel es mir ganz und gar nicht, wenn sie ständig versuchte, mich zu beißen. Ich wusste, dass sie nur aus ihrem Instinkt heraus handelte und sich aufgrund ihrer gesundheitlichen Probleme nicht gut fühlte, aber ich konnte ihr nicht mehr unvoreingenommen begegnen.

Seid stattdessen freundlich und mitfühlend zueinander und vergebt euch gegenseitig, wie auch Gott euch durch Christus vergeben hat.
Epheser 4,32

Während ich betete und Gott bat, mir zu zeigen, welche Entscheidung die richtige war, wurde ich an die Kraft der Vergebung erinnert. Toto war keine bösartige Hündin. Ich musste ihr vergeben, wenn ich je wieder in der Lage sein wollte, für sie zu sorgen. In diesem Moment erinnerte Gott mich daran, wie sehr ich selbst Vergebung brauchte.

Ich habe Narben von den schmerzhaften »Bissen« anderer davongetragen und dann viele Male die giftigen Samen der Unversöhnlichkeit in mir gehegt – tödliche Samen, die unkontrolliert wachsen, wenn sie nicht ausgerissen werden. Aber wie können wir vergeben, wenn uns jemand tief verletzt oder uns völlig ungerechtfertigt Schmerz zugefügt hat?

Die Antwort liegt in einer kraftvollen und entscheidenden Wahrheit: Gott hat uns durch seinen Sohn Jesus vergeben.

Wir verdienen diese Vergebung nicht. Von dem Tag unserer Geburt an haben wir einen sündlosen und vollkommenen Gott verletzt (siehe Römer 3,23). Doch unser Schöpfer gewährt uns diese Vergebung aus Liebe und er möchte, dass seine Schöpfung sich *aus freiem Willen dafür entscheidet*, ihn zu lieben und ihm zu gehorchen.

Auch manche der Menschen, die uns verletzt haben, verdienen unsere Vergebung nicht. Aber Gott hat uns dazu berufen, sie ungeachtet der Geschehnisse zu lieben und ihnen zu vergeben. Ich glaube, dieser Schritt gehört oft zu den schwersten Dingen, die wir in unserem Leben tun müssen, aber gleichzeitig ist er unglaublich befreiend.

Nach einem für mich sehr schmerzhaften Erlebnis kämpfte ich jahrelang mit den Ketten der Unversöhnlichkeit, die mich gefangen hielten. Ich behauptete zwar, ich hätte der betreffenden Person vergeben, aber tatsächlich hatte ich es nicht getan. Eines Tages wies der Herr mich darauf hin, dass ich diesen Schritt gehen musste. *Aber er verdient es nicht, Herr!*, rief ich in einer Mischung aus Selbstgerechtigkeit und Stolz aus. Sofort hörte ich ihn sagen: *Genauso wenig wie du, aber ich habe dir vergeben.*

Diese Wahrheit traf mich bis ins Mark.

Manchmal verlangt der Herr nur, dass wir bereit sind, zu vergeben. Das öffnet ihm die Tür, alles, was dafür nötig ist, in unserem Herzen zu erwirken. So half er mir, der Person, die mir so unglaublichen Schmerz zugefügt hatte, vollständige Vergebung auszusprechen. Am Anfang sagte ich ihm jeden Tag, dass ich »bereit« war zu vergeben, aber ich hatte die Vergebung nicht in meinem Herzen. Irgendwann jedoch fiel mir auf, dass ich in meinem Geist immer weniger Zorn verspürte, und etwa einen Monat später konnte ich sogar für diese Person beten. Das wäre zuvor undenkbar für mich gewesen.

Eines Tages merkte ich schließlich, dass sich bei dem Gedanken an diese Person kein Schmerz und kein Zorn mehr in mir einstellten. Da wusste ich, dass ich ihr vollständig vergeben hatte. Gott hatte mein Herz verändert. Als ich Gott gehorcht und vergeben hatte, floss sein Segen – ein Segen, der mir vielleicht entgangen wäre, wenn ich diese tödliche Last weiterhin mit mir herumgetragen hätte.

Gott lässt uns nicht allein, wenn wir versuchen, in dem reißenden Fluss der Unversöhnlichkeit gegen den Strom zu schwimmen. Wenn wir bereit sind, zuzulassen, dass er in unserem Leben und unserem Herzen herrscht, kann er Veränderungen in uns erwirken, die wir nie für möglich gehalten hätten. Dann können wir sogar jenen vergeben, die uns vermeintlich Unverzeihliches angetan haben.

Als Christen – als Botschafter Christi – sind wir dazu berufen, einander so zu lieben, wie er uns liebt. Wir sind Glieder seines Leibes und wir können der verlorenen Welt am besten dienen, indem wir anderen Menschen seine Liebe zeigen. Und ein Teil dieser Liebe besteht darin, dass wir einander vergeben, wie er uns vergeben hat.

Nachdem ich mehrere Tage lang über Toto gebetet hatte, beschloss ich, sie weiterhin in Pflege zu nehmen. Ich würde einen Weg finden, im Umgang mit ihr noch vorsichtiger zu sein. Mary war erleichtert über meine Entscheidung und brachte sie danach noch viele Male zu mir. Ich fand heraus, dass es gut funktionierte, wenn ich sie mit einem Hundekeks ablenkte, während ich ihr die Spritze gab. So hatte ich genug Zeit, ihr das Medikament zu verabreichen und meine Hand aus ihrer Biss-Reichweite zu bringen, noch bevor sie fertig gekaut hatte. Sie biss mich nie wieder und ich hatte ihr vergeben.

Einige Zeit später, nachdem ich mich fast zehn Jahre ihres Lebens immer wieder um Toto gekümmert hatte, führte ihr Diabetes jedoch zu weiteren Problemen und ihr Zustand verschlechterte sich zusehends. Mary wusste, dass es an der Zeit war, Toto gehen zu lassen. Es war eine schwierige Zeit für sie, aber es war auch eine schwierige Zeit für mich. Es ist nie einfach für mich, von einem Tier, für das ich gesorgt habe, Abschied zu nehmen. Toto nahm einen großen Platz in meinem Herzen ein.

Obwohl sie gesagt hatte, sie würde sich nie wieder einen Hund kaufen, brachte Mary eines Tages ein winziges Fellknäuel mit nach Hause, dem sie den Namen Winnie gab. Winnie war der niedlichste Welpe, den ich je gesehen hatte – ein schwarz-weißer Peekapoo mit einem flachen Gesicht und einer winzigen schwarzen Nase mit einem weißen Ring drumherum, der ihn aussehen ließ, als hätte er einen Schnurrbart. Ein Blick aus seinen großen, runden Augen brachte jedes Herz zum Schmelzen.

Eines Tages im Frühling gab Mary mir Winnie und Lucy in Pflege. Winnie hielt meinen Mann und mich auf Trab. Es war schon lange her, seit wir einen Welpen im Haus gehabt hatten, und er brachte uns oft zum Lachen.

Winnie und Lucy kamen noch viele Male in meine Obhut. Lucy blieb weiterhin die liebenswerte Hündin, die sie immer gewesen war. Winnie sorgte immer für Tumult. Ich schloss ihn immer mehr ins Herz und ich wusste: Hätte ich nicht weiterhin für Toto gesorgt, wäre mir der Segen, den ich durch Winnie erfuhr, entgangen.

Lieber Herr, danke, dass du mir vergibst, obwohl ich es nicht verdiene. Bitte hilf mir, auch anderen zu vergeben, die es nicht verdienen. Hilf mir, dir voller Demut zu dienen. Lass mich als deine Botschafterin diese Welt durch deine Augen sehen und andere Menschen so lieben, wie du mich liebst. Danke, dass du mich durch deine wunderbare Schöpfung deine Wahrheiten lehrst. In Jesu Namen. Amen.

10

Sylvia — das unsichtbare Haustier

Wende dich mir zu und hab Erbarmen mit mir, denn ich bin allein und in großer Not.
Psalm 25,16

Es war ein schöner Herbsttag, als ich die gewundene Landstraße, an der ich wohnte, entlangfuhr. Blätter wirbelten um mein Auto wie riesige rote und goldene Schneeflocken. Manchmal wurden sie auf ihrem Weg zum Boden von einer Windböe erfasst und in einer Spirale in die Luft gewirbelt, bevor sie schließlich auf der Straße landeten. Es war, als würde ich durch ein Herbst-Wunderland fahren.

Ich war auf dem Weg zu Mrs Moore, die angefragt hatte, ob ich für ihren Hund sorgen könne. Sie lebte in einer Gegend, in der ich schon einige andere Kunden hatte, deshalb war ich mir sicher, dass ich schon viele Male an ihrem Haus vorbeigefahren war.

Als ich in die Auffahrt ihres gelben, zweistöckigen Hauses fuhr, stand das Garagentor halb offen und ich sah, dass ein blaues Auto darin stand. Der Rasen war sehr gepflegt. Einige wenige Stauden säumten den Weg zum Eingang. Mit Block und Stift ging ich zur Haustür und klingelte, aber niemand öffnete, sodass ich mich fragte, ob die Klingel nicht funktionierte oder Mrs Moore es nicht gehört hatte. Also klopfte ich an die Tür. Fast sofort öffnete mir eine ältere Frau. Sie musste etwa Mitte bis Ende 60 sein und hatte kinnlanges, pechschwarzes Haar, das ihre zarte Gestalt noch betonte.

»Hallo, ich bin Christi«, sagte ich und reichte ihr meine Visitenkarte. Sie lächelte schüchtern, als sie die Karte nahm und zur Seite trat, um mich hereinzulassen.

»Kommen Sie in die Küche und setzen Sie sich«, sagte sie mit einem starken deutschen Akzent, während sie mir voran eine Treppe hinaufging. Ihr Haus war bescheiden eingerichtet, aber in einem tadellosen Zustand. Ich sah mich nach ihrem Hund um, doch dieser war weder zu sehen noch zu hören.

Sie führte mich zu einem überdimensionalen Tisch, der in einer Ecke ihrer kleinen Küche dicht an die Wand gerückt war. Mrs Moore setzte sich; mir blieb nur ein schwerer, dunkler Stuhl neben der Wand. Er ließ sich kaum weit genug vom Tisch wegziehen, dass ich mich setzen konnte, aber irgendwie schaffte ich es, mich in den schmalen Spalt zwischen Stuhllehne und Tischplatte zu schieben.

Mrs Moore schwieg, während ich meinen Block bereitlegte, um mir Notizen zu machen.

»Suchen Sie nach einem Haustiersitter, weil Sie wegfahren wollen, oder brauchen Sie regelmäßig Hilfe?«, fragte ich in der

Hoffnung, ein Gespräch in Gang zu bringen. Sie nickte und sagte, sie brauche jemanden, der für ihren Hund sorgte, während sie drei Wochen weg war.

Ich ertappte mich dabei, wie ich mich erneut nach Mrs Moores Hund umsah, aber da war keine Spur von ihm.

»Erzählen Sie mir etwas über Ihren Hund«, sagte ich. Vielleicht würde sie ihn holen, wo immer er war.

»Sie ist ein Shih Tzu, und sie ist sehr klein«, sagte sie, während sie nervös ihre Hände knetete, die sie vor sich auf den Tisch gelegt hatte.

Ich lächelte und sagte: »Ah, das sind sehr niedliche, kleine Hunde«, und hoffte, ihr so noch einige weitere Informationen zu entlocken. Aber Mrs Moore lächelte nur zurück und nickte.

Verzweifelt versuchte ich, diese unangenehme, zähe Unterhaltung anzukurbeln. »Wann werden Sie mich brauchen? Steht das Datum Ihrer Reise schon fest?«, fragte ich und blätterte eine Seite meines Blocks um, sodass ich es mir notieren konnte. Doch das genaue Datum wusste sie noch nicht. Sie sagte, sie würde es mir noch mitteilen.

Ich nannte ihr mein Honorar und sie erklärte sich damit einverstanden. Dann klappte ich meinen Notizblock zu und wand mich von dem Stuhl, auf dem ich nur Minuten zuvor Platz genommen hatte. Mrs Moore stand ebenfalls auf und ich dankte ihr für das Gespräch.

»Wie ist der Name Ihres Hundes?«, fragte ich. Diese Frage brannte mir schon die ganze Zeit auf der Seele. Ich weiß nicht, warum ich mich so davor fürchtete, sie zu stellen. Aus irgendeinem Grund fühlte es sich an, als würde ich nach der verbotenen Frucht greifen, deshalb wagte ich nicht, einen Bissen davon zu nehmen, obwohl der Apfel direkt vor mir lag.

»Sylvia«, sagte sie.

»Dann freue ich mich darauf, Sylvia kennenzulernen.«

Mrs Moore nickte schweigend. Dann drehte sie sich um und ging die Treppe hinunter. Ich folgte ihr. An der Tür schüttelte ich ihr die Hand und dankte ihr. Sie lächelte und dankte mir ihrerseits für mein Kommen.

»Was für ein seltsames Treffen«, sagte ich laut, als ich von dem Haus wegfuhr. Aber vielleicht hatte sie so wenig gesagt, weil ihr Englisch nicht besonders gut war.

Meine Mutter wohnte nicht weit von Mrs Moore entfernt und so beschloss ich, ihr auf meinem Weg nach Hause einen Besuch abzustatten. Ich erzählte ihr von meinem Treffen mit Mrs Moore.

»Ich bin mir sicher, dass ich nichts mehr von ihr hören werde«, sagte ich. »Offensichtlich bin ich nicht die Person, der sie ihre Hündin anvertrauen will. Sie wollte nicht einmal, dass ich sie kennenlerne, und ich habe keinen Pieps von Sylvia gehört. Es war alles sehr seltsam.«

»Vielleicht war ihr Hund aus irgendeinem Grund gerade nicht da.«

»Nun, ich weiß es nicht. Auf jeden Fall war das das seltsamste Treffen, das ich je mit einem potenziellen Kunden hatte.«

Am Abend erzählte ich meinem Mann davon. »Irgendetwas stimmt da nicht«, sagte ich. »Ich kann es nicht erklären, aber ich habe ein sehr seltsames Gefühl.«

Da es aber ohnehin zu nichts führte, beschloss ich, mir über mein verwirrendes Zusammentreffen mit Mrs Moore nicht länger den Kopf zu zerbrechen, und vergaß den Vorfall, bis sie mich einige Tage später anrief.

»Hallo, hier ist Mrs Moore. Wäre es möglich, dass Sie morgen bei mir vorbeikommen, damit wir die Einzelheiten bezüglich der

Pflege meines Hundes besprechen können?«, fragte sie. Ich war ein wenig überrascht, aber ich sagte ihr, dass ich am nächsten Tag um 16 Uhr zu ihr kommen konnte.

Nachdem ich mich in der Nachbarschaft um einige andere Tiere gekümmert hatte, fuhr ich pünktlich vor Mrs Moores Haus vor. Das Garagentor war wieder zur Hälfte geöffnet und auch das blaue Auto stand darin.

Diesmal klopfte ich gleich an die Tür, statt zu klingeln, und Mrs Moore öffnete sofort.

»Hi, wie geht es Ihnen?«, fragte ich.

Sie lächelte und nickte. »Gut. Und Ihnen?«

»Gut, danke«, sagte ich, während ich hineinging. Wieder führte sie mich die Treppe hinauf und an den Küchentisch, und wieder versuchte ich, mich einigermaßen elegant in den schmalen Spalt zwischen Tisch und Stuhllehne zu quetschen. Ich stieß einen lautlosen Seufzer aus und sah mich um, ob ich Sylvia irgendwo entdecken konnte.

Mrs Moore saß stumm da, als warte sie darauf, dass ich das Gespräch begann.

»Welche Fragen kann ich Ihnen noch beantworten?«, fragte ich.

Nach einem kurzen Moment der Stille sagte sie: »Ich habe noch kein festes Datum für meine Reise, aber ich möchte Ihnen sagen, welches Futter ich meinem Hund gebe.«

Ich wartete darauf, dass sie weitersprach.

»Ich gebe ihr Dosenfutter und Trockenfutter. Ich mische es zusammen.« Ihre Augen glitten im Raum umher und richteten sich dann wieder auf mich.

»Okay, das ist gut. Können Sie mir die genauen Mengen von beidem aufschreiben? Dann kann ich es nachlesen, wenn ich komme.«

»Ja«, sagte sie.

Einige Sekunden lang saßen wir schweigend da. Ich zermarterte mir das Gehirn nach etwas – irgendetwas –, das ich sagen konnte, um die unbehagliche Stille zu unterbrechen. Dann tat ich es. Ich nahm einen Bissen von der verbotenen Frucht.

»Wo ist Sylvia jetzt?«

»Sie ist bei meinem Sohn.«

»Oh, okay.« Ich beschloss, nicht weiterzufragen. Ich nahm meinen Notizblock, klemmte ihn zwischen meinen Bauch und den Tisch und fragte: »Gibt es noch etwas, das Sie mir sagen oder mich fragen wollen?«

»Nein, das ist alles.«

»Gut. Dann schreiben Sie doch am besten auf, wie ich Sylvia genau füttern soll, und legen Sie den Zettel für mich auf den Küchentisch, wenn Sie Ihre Reise antreten. Falls Ihnen sonst noch irgendetwas einfällt, können Sie mich jederzeit anrufen.« Dann schob ich den Stuhl so weit es ging zurück, hielt den Atem an und wand mich aus meiner beengten Position heraus.

»Wissen Sie schon ungefähr, wann Sie verreisen werden?«, fragte ich, als wir an der Haustür angekommen waren. »Ich merke mir die Termine gern vor, damit ich nicht überbucht werde.« Ich öffnete meinen Kalender, bereit, mir die vorläufigen Termine zu notieren.

»Vielleicht nächsten Monat?«, sagte sie zaghaft.

»Okay. Ich trage mir das ein, und wenn sich zu viele Termine ansammeln, melde ich mich bei Ihnen.«

»Gut.«

Wiederum dankte ich ihr für das Gespräch und sagte, dass ich mich darauf freute, von ihr zu hören. Sie lächelte und winkte mir nach, als ich zu meinem Auto ging. Ich war ebenso verwirrt wie nach unserem ersten Treffen. *Irgendetwas stimmt hier einfach nicht*, dachte ich.

Im Laufe der nächsten Tage konnte ich nicht aufhören, über Mrs Moore und unsere seltsamen Treffen nachzudenken. Ich fuhr mehrmals an ihrem Haus vorbei und jedes Mal war das Garagentor halb offen und das blaue Auto stand darin. Ich schloss daraus, dass Mrs Moore allein lebte. Ich fragte mich, ob sie Familie in der Nähe hatte. Wohnte ihr Sohn in unserer Stadt? Ich überlegte mir, ob ich nach ihr sehen sollte, weil ich das Gefühl nicht loswurde, dass noch mehr – viel mehr – hinter der ganzen Geschichte steckte. Etwas, das ich wissen musste.

Ist dir schon einmal plötzlich jemand in den Sinn gekommen, an den du schon sehr lange, vielleicht sogar Jahre nicht mehr gedacht hast? Oder musstest du ohne erkennbaren Grund an jemanden denken und hast diese Person nicht mehr aus dem Kopf bekommen, ohne zu wissen, warum? Wenn mir das passiert, betrachte ich das immer als eine Gelegenheit, für die betreffende Person zu beten. Und sehr oft erfahre ich dann später oder auch noch am selben Tag, dass diese Person in diesem Moment in Schwierigkeiten steckte oder gerade eine schwere Zeit durchmachte und dringend Gebet brauchte. Das ist das Wirken des Heiligen Geistes.

Ich begann, für Mrs Moore zu beten. Ich wusste nicht genau, wofür ich betete, aber ich bat den Herrn, dass er mir erlaubte, ihr zu helfen, wenn sie Hilfe brauchte.

In der nächsten Woche bekam ich wieder einen Anruf von ihr. Diesmal landete er auf meiner Mailbox. In ihrer Nachricht bat sie mich, ein weiteres Mal bei ihr vorbeizukommen, weil sie noch einige Dinge bezüglich ihres Hundes mit mir besprechen wolle. Ich rief sie zurück und sagte ihr, dass ich am nächsten Tag einen Job in ihrer Nachbarschaft zu erledigen hatte und im Anschluss daran zu ihr kommen würde.

Auf dem Weg zu ihrem Haus bat ich Gott, dass er mir half, das Richtige zu sagen und zu tun, weil ich keine Ahnung hatte, was das Richtige war. Und ich bat ihn um Weisheit, weil ich mittlerweile den Verdacht hegte, dass Mrs Moore gar keinen Hund hatte, und ich nicht wusste, worin der Zweck meiner Besuche bestehen sollte, wenn ich nie auf ihr »Haustier« aufpassen würde.

Ein Teil von mir dachte, dass das alles eine große Zeitverschwendung war. Doch der Heilige Geist sprach zu mir und berührte mein Herz. Ich konnte in diesen Treffen keinen Sinn sehen, aber Gott tat es, und aus welchem Grund auch immer sollte ich dabei eine Rolle spielen.

In ihrer gewohnten ruhigen Art führte Mrs Moore mich auch diesmal die Treppe hinauf und an den Küchentisch. Mittlerweile war ich sehr geschickt darin, mich in den schmalen Spalt hineingleiten zu lassen. Ich saß bereits auf dem Stuhl und sah Mrs Moore an, als sie sich zu mir setzte.

»Sagen Sie mir, wie ich Ihnen helfen kann«, sagte ich lächelnd.

Sie erwiderte mein Lächeln. Sie hatte vergessen, mir zu sagen, dass ich während ihrer Abwesenheit ihre Zeitung mit hineinnehmen sollte.

Ich versicherte ihr, dass ich das gern tun würde, aber dann konnte ich meine Besorgnis nicht länger zurückhalten.

»Mrs Moore, brauchen Sie noch irgendetwas anderes? Ist alles in Ordnung mit Ihnen?«

»Ja, es geht mir gut. Es ist alles bestens«, sagte sie mit ihrer gewohnten zaghaften Stimme.

»Wenn Sie bei irgendetwas Hilfe brauchen, rufen Sie mich bitte an. Wenn ich Ihnen nicht helfen kann, werde ich jemanden finden, der es kann.«

Sie dankte mir, dann füllte wieder Stille den Raum, bevor wir unseren gewohnten Weg zur Haustür einschlugen. Aber diesmal begleitete sie mich bis in die Auffahrt. Ich spürte, dass sie mir noch etwas sagen wollte, und so wandte ich mich ihr zu und wartete.

»Vielen Dank, dass Sie gekommen sind«, sagte sie.

In diesem Moment spürte ich ihre Einsamkeit. Ich konnte sie in ihrer Stimme hören und in ihren Augen sehen. Plötzlich betrachtete ich sie in einem ganz anderen Licht. Sie war nicht länger eine Person, die wollte, dass ich auf ein Haustier aufpasste, das es gar nicht gab; sie war eine einsame Frau, die eine Freundin brauchte. Ich legte meine Hand auf ihren Arm und fragte sie, ob sie Familie in der Nähe habe.

»Ich habe einen Sohn, der mehrere Stunden entfernt wohnt«, sagte sie leise.

»Kommt er zu Ihnen und hilft Ihnen hier bei der Arbeit?«, fragte ich, während ich meinen Blick über ihren ordentlich gestutzten Rasen schweifen ließ.

»Ja, er kommt einmal im Monat, um den Rasen zu mähen und mir bei den Arbeiten rund ums Haus zu helfen.«

Ich sagte ihr, dass ich mich freute, dass sie jemanden hatte, auf den sie sich verlassen konnte, und dass ich für sie beten würde.

Ihre Augen füllten sich mit Tränen, als sie meinen Arm tätschelte und mir dankte. So viel hatte sie während unserer ganzen letzten Treffen zusammengenommen nicht gesprochen. Ich winkte ihr zum Abschied zu, dann stieg ich ins Auto und fuhr rückwärts aus ihrer Auffahrt.

Im Laufe der nächsten Wochen sah ich öfter nach Mrs Moore. Ich fragte nie wieder nach Sylvia und Mrs Moore schien glücklich zu sein, jemanden zum Reden zu haben, auch wenn sie selbst nie viel sagte. Ich spürte, dass es ihr jedes Mal guttat, wenn ich vor ihrer Tür stand.

Als ich sie eines Tages wieder einmal besuchen wollte, war ihr Sohn da. Ich stellte mich vor und sagte ihm, dass ich gelegentlich nach seiner Mutter sah, um mich zu versichern, dass alles in Ordnung war. Ich erwähnte mit keinem Wort, dass ich ursprünglich hergekommen war, um mich um den *Hund* seiner Mutter zu kümmern. Wir wechselten nur ein paar belanglose Worte, aber er entfachte meine Neugier, als er erwähnte, dass er eine Reise von mehreren Wochen plante. Er nannte jedoch keinen genauen Termin und sagte auch nichts davon, dass sie mich dann brauchen würden, um auf ein Haustier aufzupassen oder die Zeitung hineinzubringen. Ich wollte nicht, dass er bemerkte, wie neugierig ich war, und so zügelte ich mich und stellte keine weiteren Fragen. Ich sagte Mrs Moore auf Wiedersehen und versprach ihr, sie bald wieder zu besuchen.

Als ich einige Tage später vor ihr Haus fuhr, stand das Garagentor offen und die Garage war komplett leer.

Ein Gefühl von Panik überkam mich. Schnell stieg ich aus und ging zur Haustür. Ich klopfte, aber niemand öffnete. Dann spähte ich durch den Glasteil der Tür. Der kleine Raum vor der Treppe war vollständig leer geräumt. Alle Möbel waren weg. Ich war schockiert.

Ich rannte zurück zu meinem Auto, zog mein Handy aus der Konsole und wählte Mrs Moores Nummer, doch ich bekam keine

Verbindung. Ich war völlig ratlos. Was war passiert? Dann fiel mir ein, dass Mrs Moores Sohn diese Reise erwähnt hatte. Aber warum sollten sie deshalb das ganze Haus ausräumen? Das ergab keinen Sinn.

Weil ich keinen von Mrs Moores Nachbarn kannte, fühlte ich mich nicht wohl dabei, zu einem der angrenzenden Häuser zu gehen und zu fragen, ob sie etwas wussten. Ich sah mich um, ob einer von ihnen gerade im Garten war – dann hätte ich ihn fragen können, ohne an seine Tür zu klopfen –, aber leider konnte ich niemanden entdecken.

In den nächsten Wochen fuhr ich auf dem Weg zu meinen anderen Kunden jedes Mal an Mrs Moores Haus vorbei. Einige Male hielt ich sogar an, um zu sehen, ob jemand da war. Aber Garage und Haus standen nach wie vor leer und ich traf nie jemanden an.

> Wende dich mir zu und hab Erbarmen mit mir, denn ich bin allein und in großer Not.
> Psalm 25,16

Bis zum heutigen Tag weiß ich nicht, was mit Mrs Moore passiert ist. Vielleicht zog sie zu ihrem Sohn. Vielleicht starb sie. Doch was immer passiert war – ich wusste, dass Gott alles arrangiert hatte. Er wollte, dass ich im Gebet für sie eintrat und für eine kurze Zeit ihre Freundin war. Es gibt keine zufälligen Treffen und auch sonst keine Zufälle in unserem Leben, wenn wir ihm unser Leben vollständig unterordnen.

Wenn wir Gottes Plan gehorchen und danach handeln – manchmal in blindem Glauben –, wissen wir nie, welche Folgen das in der Ewigkeit haben wird. Ich weiß jedoch, was die kurzfristigen Folgen meiner Begegnungen mit Mrs Moore waren. Gott sah, dass eine einsame Frau eine Freundin brauchte, und er sandte ihr seine Liebe durch ein imaginäres Haustier namens Sylvia.

Unsere Vorstellungskraft kann unsere tiefe Sehnsucht nach der Nähe zu unserem Schöpfer niemals stillen. Absolut nichts auf dieser Welt kann uns geben, was nur Jesus geben kann. Wenn wir ihn suchen, *kann* und *wird* unser Gott uns alles geben, was wir brauchen (siehe Philipper 4,19).

Um ein Haar hätte ich Gott gesagt, dass ich nicht die Zeit hatte, mich mit einer potenziellen Kundin zu treffen, die tatsächlich nicht einmal ein Haustier besaß. Ich bin so froh, dass ich auf den Heiligen Geist gehört habe und Gottes Gnade durch mich an jemanden weiterfließen konnte, der sie dringend brauchte.

Lieber Herr, alle guten Gaben kommen von dir, und du gibst uns mehr, als wir uns je vorstellen könnten. Wir brauchen nichts zu erfinden, um die Leere in unserem Leben zu füllen, weil du jedes Bedürfnis stillst, das wir je haben könnten. Aber vor allem anderen brauchen wir das Geschenk deines Sohnes. Danke, dass du mich gelehrt hast, dass meine Zeit es immer wert ist, einem Menschen in Not ein Freund zu sein. Im Namen deines Sohnes. Amen.

11

Katzen, Kätzchen und eine harte Prüfung

Die Nacht ist noch voll Weinen, doch mit dem Morgen kommt die Freude.
Psalm 30,6

Nur Sekunden nachdem ich geklingelt hatte, schwang die Tür weit auf und Joy und Steven standen mit strahlenden Gesichtern vor mir – eine Szene wie auf einer Weihnachtskarte. Joy hatte meine Anzeige für das Haustiersitting in der Zeitung gelesen und Kontakt zu mir aufgenommen. Sie wohnte in derselben Gegend wie die meisten meiner Kunden, sodass ich nicht lange nach ihrem Haus hatte suchen müssen.

»Komm herein«, sagte Joy. Die beiden waren ein junges Paar und ihre freundliche Begrüßung nahm mir jede Befangenheit.

»Hi. Ich bin Christi. Schön, euch kennenzulernen«, sagte ich und reichte Joy meine Visitenkarte. Als sie mich anrief, hatte sie mir gesagt, dass sie und Steven für drei Tage verreisen würden und jemanden brauchten, der in dieser Zeit für ihre sechs Katzen sorgte. So war ich nicht überrascht, als ein in Brauntönen gesprenkelter Kater hereinkam und um meine Beine strich.

»Das ist Maui«, sagte Steven mit einem Lächeln.

»Er ist freundlich, aber versuch ja nicht, ihn zu streicheln«, fügte Joy hinzu.

Bevor ich weitere Fragen stellen konnte, führten sie mich ins Wohnzimmer. Maui folgte uns und strich wiederum um meine Beine. Ein wenig nervös wegen Joys Warnung widerstand ich dem Drang, ihm den Kopf zu streicheln. Stattdessen ließ ich meinen Blick umherschweifen und sah überall im Wohnzimmer und der angrenzenden Küche verteilt mehrere Futter- und Wassernäpfe auf dem Boden stehen.

»Die drei Kätzchen sind nicht an Gesellschaft gewöhnt, deshalb wirst du sie wahrscheinlich nie sehen«, sagte Joy. »Aber du musst nichts weiter tun, als die Futter- und Wassernäpfe zu füllen und die Katzenklos zu reinigen, wenn es nötig ist. Die drei älteren Katzen sind ein wenig umgänglicher, aber es kann sein, dass sie dich trotzdem nicht allzu nah an sich heranlassen.«

Ich lachte, als ich auf Maui hinunterblickte, der sich nach wie vor um meine Beine wand. *Er mag definitiv Gesellschaft*, dachte ich.

Joy lächelte. »Maui mag dich offensichtlich, aber die meisten Katzen bleiben in unserem Schlafzimmer und dem Bad. Dort stehen auch die Katzenklos.«

Sie bedeutete mir, ihnen in den Raum, der an das Wohnzimmer angrenzte, zu folgen. Auch hier standen mehrere bis zum Rand gefüllte Wasser- und Futternäpfe. Maui sprang auf das Bett, auf dessen Mitte eine langhaarige Katze mit einem weiß-silbern gemusterten Fell schlief.

»Das ist Icy«, klärte Steven mich auf. Icy, die durch Maui geweckt worden war, räkelte sich auf dem Bett und streckte ihre Pfoten in die Luft. Dann rollte sie sich auf den Rücken. Sie schien sich nicht an Mauis Übergriff zu stören.

Plötzlich sah ich aus dem Augenwinkel einen pelzigen Blitz, der im Badezimmer verschwand. Dann hörte ich ein klopfendes und scharrendes Geräusch.

»Das sind die Kätzchen«, sagte Joy und ging ins Badezimmer. Ich folgte ihr. Von der Verkleidung des Whirlpools waren zwei Fliesen entfernt worden, sodass der Raum darunter zugänglich war.

»Das ist ihr Lieblingsversteck, weil sie sich dort sicher fühlen«, sagte Joy. Dann bückte sie sich, um in die dunkle Öffnung hineinzusehen.

»Wie alt sind die Kätzchen?«, fragte ich.

Joy und Steven antworteten gleichzeitig: »Ungefähr 12.«

Ich schwieg einen Moment, während ich versuchte, ihre Antwort einzuordnen.

»12 Wochen? Oder 12 Monate?«, erwiderte ich halb fragend, halb verwirrt.

»12 Jahre«, sagte Joy. »Sie sind nicht wirklich Kätzchen. Wir nennen sie nur so. Die drei sind Icys Babys und wir haben es nicht übers Herz gebracht, sie wegzugeben.«

Joy und Steven grinsten verlegen. Ich lachte. Ich konnte sie sehr gut verstehen. Als ich ein kleines Mädchen war, bekam unsere Katze auch einmal Nachwuchs und ich hätte am liebsten alle Kätzchen behalten. Aber meine Mutter hatte andere Pläne, und so packte ich sie alle in eine Schachtel und ging damit zu meinen Freundinnen in der Nachbarschaft, um ein neues Zuhause für sie zu finden. Denn wer könnte schließlich einer Schachtel voller süßer Katzenbabys widerstehen? Als ich wieder nach Hause kam, war meine Schachtel leer, aber ich sah die Kätzchen jedes Mal, wenn ich die Freundinnen, denen sie jetzt gehörten, besuchte.

Aus dem Hohlraum unter der Badewanne waren immer noch Geräusche zu hören, aber ich bekam die »Kätzchen« nicht zu sehen.

Dann führten Joy und Steven mich in die Küche und zeigten mir, wo sie das Futter und die Katzenstreu aufbewahrten. Sie sagten mir nochmals, dass ich wahrscheinlich keines der drei Kätzchen je zu Gesicht bekommen würde, ebenso wenig wie Arby, einen streunenden Kater, den sie bei sich aufgenommen hatten. Später erfuhr ich, dass sie ihn Arby nannten, weil sie ihn auf dem Parkplatz eines Arby-Schnellrestaurants gefunden hatten. Icy hingegen war sehr freundlich und mochte es, wenn man ihren Kopf streichelte.

Joy und Steven kamen überein, dass ich zweimal am Tag nach den Katzen sehen sollte, und Joy bestätigte mir nochmals das genaue Datum ihres dreitägigen Kurzurlaubs, der in vier Tagen beginnen sollte. Dann brachten sie mich zur Haustür, wo Maui ein letztes Mal um meine Beine strich, bevor ich ging.

Während ich durch die mir vertraute Umgebung fuhr, dachte ich über meinen Besuch bei Joy und Steven nach. Wie Steven mir erzählt hatte, arbeitete er von zu Hause aus. Joy war bei einem großen Sportsender angestellt und musste viel reisen. Ich war ein wenig sprachlos angesichts all der Futter- und Wasserschüsseln sowie der Tatsache, dass dort drei 12 Jahre alte Phantom-»Kätzchen« waren, die ich wahrscheinlich nie sehen würde. Aber ihre Besitzer schienen nett zu sein und ich freute mich auf den Job.

Als ich am ersten Tag das Haus betrat, hörte ich sofort ein Klopfen und Trappeln und erhaschte gerade noch einen kurzen Blick auf zwei pelzige Blitze, die in verschiedene Richtungen davonstoben. Ich war enttäuscht. Ich hätte die mysteriösen Kätzchen gern gesehen. Aber gleich danach erschien ein freundlicher Maui zu meinen Füßen. Er wölbte den Rücken, als er um meine Beine strich. Dann ließ er sich auf die Seite fallen und sah zu mir empor, als wolle er sagen: *Streichelst du mich jetzt oder nicht?*

Ich erinnerte mich an Joys Warnung. »Mist!«, sagte ich laut. »Ich habe vergessen, sie zu fragen, warum ich Maui nicht streicheln soll.« Ich warf dem Kater einen tröstenden Blick zu und machte mich auf den Weg ins Schlafzimmer.

Icy lag auf dem Bett und schlief, wie an dem Tag, als ich sie kennengelernt hatte. Maui huschte an mir vorbei und legte sich zu ihr. Ich reinigte die vier Katzenklos, die im Bad neben der Dusche standen, aber die drei Futternäpfe und die drei riesigen Wasserschüsseln waren noch randvoll.

Da ich noch ein bisschen Zeit hatte, beschloss ich, mich noch einen Moment mit Icy zu beschäftigen. Sie sah aus wie eine Perserkatze. Sie war recht klein, hatte ein langes silber-weißes Fell und ein flaches Gesicht mit leicht schielenden Augen. Als ich sie einige Male vom Kopf bis zum Schwanz streichelte, rollte sie sich zu mir hin. Sie schien die Aufmerksamkeit zu genießen. Dann gähnte sie und warf mir einen distanzierten Blick zu.

Während ich noch neben dem Bett auf dem Boden saß und Icy weiter streichelte, kam Maui zu mir und stellte sich neben mich. Ohne darüber nachzudenken, streichelte ich seinen Kopf. Einen Moment lang passierte gar nichts, doch dann schlug er mit seiner Pfote auf meine Hand und versenkte seine langen, unglaublich scharfen Krallen tief in meine Haut. Dann zog er meine Hand an sein Maul und biss so hart zu, dass ich regelrecht spürte, wie meine Haut aufbrach, als sich seine Zähne hindurchbohrten.

Instinktiv zog ich meine Hand zurück, um mich zu befreien, doch das veranlasste Maui nur dazu, seine Krallen noch tiefer in meine Hand zu pressen, um sein neu gewonnenes Opfer nicht entkommen zu lassen. Ich hatte noch nie einen solchen Schmerz verspürt!

Ich musste etwas tun, aber ich wollte Maui keinen Grund geben, noch fester zuzupacken. Statt meine Hand erneut wegzuziehen oder eine andere plötzliche Bewegung zu machen, nahm ich seine Pfote und zog seine Krallen aus meinem Fleisch heraus. Dann packte ich ihn sanft am Kopf und zog seine Zähne aus meiner Hand, bevor er aufs Neue zuschlagen konnte.

Als ich dann aufsprang und weglief, versuchte ich, nicht zu viele Emotionen zu zeigen. Bei meinem ersten Besuch hatte Joy erwähnt, dass sie im Schlafzimmer Kameras installiert hatten, damit sie die Katzen beobachten konnten, während sie unterwegs waren. Ich war mir sicher, dass die Szene aufgezeichnet worden war, und dass Joy und Steven, wenn sie zugesehen hatten, dachten: *Wir haben ihr doch gesagt, dass sie Maui nicht streicheln soll!*

Ich lief in die Küche und schüttete Spülmittel über meine pochende Hand, doch es brannte in meinen Wunden und verstärkte den heftigen Schmerz, der bis in meine Finger reichte, noch mehr. Ich drehte das Wasser auf und wusch meine Hand, so heiß ich es ertragen konnte. Aus den vielen punktförmigen Wunden, die Mauis Zähne und Krallen mir nur ein paar Minuten zuvor zugefügt hatten, floss Blut. Es war schrecklich und ich fühlte mich so dumm. Jetzt verstand ich natürlich, warum mir gesagt worden war, dass ich Maui nicht anfassen sollte. Doch in diesem Moment hatte ich die Warnung einfach vergessen. Gedankenlos und intuitiv hatte ich dem »Bitte streichle mich«-Blick auf seinem netten, unschuldigen

Gesicht nachgegeben, meine Hand ausgestreckt und ihn gestreichelt.

Ich nahm mir ein paar Papiertücher von der Küchentheke und wickelte sie um meine Hand. Glücklicherweise hatte ich jetzt keine weiteren Aufträge mehr zu erledigen. Ich wollte nur noch nach Hause und meine Wunden verarzten.

Nachdem ich noch nach den Futter- und Wassernäpfen in den anderen Räumen gesehen hatte, verließ ich das Haus. Meine Hand pochte auf dem ganzen Heimweg, und sobald ich zu Hause war, schüttete ich Alkohol darüber und schrubbte sie nochmals mit Seife und heißem Wasser.

Als ich meinem Mann erzählte, was vorgefallen war, fragte er: »Denkst du, du solltest zum Arzt gehen?«

»Ich glaube nicht. Bete einfach!«, sagte ich. Aber ich war ein wenig besorgt.

Am nächsten Morgen schmerzte meine Hand noch leicht, aber die Wunden schienen nicht infiziert zu sein. Als ich zu meinem morgendlichen Besuch bei den Katzen aufbrach, war mir angesichts der Vorstellung, dass Maui an meinem Bein hinaufklettern und mich angreifen könnte, dennoch bange zumute. Zum Glück hatten sich Joy und Steven nicht bei mir gemeldet. So hatten sie Mauis Angriff am Vortag möglicherweise nicht mitbekommen und ich musste mir kein »*Wir haben es dir doch gesagt!*« von ihnen anhören.

Es war ein heißer Augusttag, als ich zum zweiten Mal zu Joys und Stevens Haus fuhr. Vom Eingangsbereich konnte ich in das Wohnzimmer der Familie sehen und wie am Tag zuvor flitzten pelzige Geschöpfe in alle Richtungen davon. Ich seufzte. Ich hatte sehr gehofft, dass sich alle Katzen mit mir anfreunden würden, doch bis jetzt schienen nur eine abwesende Icy und ein Maui mit scharfen Zähnen mir meine Gegenwart nicht übel zu nehmen.

Der Inhalt der Futter- und Wassernäpfe in der Küche und im Wohnzimmer hatte seit meinem gestrigen Besuch definitiv abgenommen, und so füllte ich zuerst das Futter auf und gab frisches Wasser in die Näpfe. Dann ging ich vorsichtig ins Schlafzimmer, wo Maui neben Icy auf dem Bett kauerte. Er beobachtete mich kurz und machte sich dann daran, seine Pfoten zu pflegen. Ich fragte mich, ob mein Blut noch daran klebte!

Als ich die Katzenklos im Badezimmer säuberte und auch dort die Futternäpfe nachfüllte, sprang er vom Bett und strich wieder um meine Beine. Ich keuchte leise.

»Bitte beiß mich nicht«, sagte ich bebend. Glücklicherweise ging er dann zu einem der Futternäpfe und begann zu fressen. Ich holte tief Luft.

Maui blieb mir während meines gesamten restlichen Aufenthalts auf den Fersen, aber ich hatte nicht die Absicht, nochmals auf seinen unschuldigen Blick hereinzufallen.

Meine folgenden Besuche verliefen ereignislos. Ich widerstand der Versuchung, Maui zu streicheln, und er benahm sich. Icy schlief oft, wenn ich kam. Die anderen vier Katzen mieden mich weiterhin, obwohl ich mich mitten im Wohnzimmer auf den Boden setzte und versuchte, so harmlos auszusehen wie möglich. Meine Hand wurde besser und es gab immer noch keine Anzeichen einer Entzündung. Alles in allem hatte ich meinen Auftrag erfolgreich erledigt.

Als Joy und Steven zurückkehrten, rief Joy mich an, um mir zu sagen, dass alles in Ordnung war. Ich beschloss, ihr von meinem Zusammentreffen mit Maui zu erzählen, weil ich mir sicher war, dass sie es auf der Aufzeichnung ihrer Kamera bereits gesehen hatten oder noch sehen würden. Es tat ihr schrecklich leid. Sie wusste, wie er reagierte, wenn man ihn anfasste, und hatte mich deshalb davor gewarnt. Er hatte auch sie schon einige Male gebissen.

»Er sieht so unschuldig aus, und dann vergisst man es und streichelt ihn trotzdem. Das ist mir auch schon passiert«, sagte sie mit tröstender, aber gleichzeitig bekümmerter Stimme. Sie bot mir an, mir einen Arztbesuch zu bezahlen, aber ich sagte, dass es meiner Hand schon wieder recht gut ging. Es war mir sehr unangenehm, dass sie sich schlecht fühlte, und wünschte, ich hätte ihr nicht erzählt, was passiert war. Schließlich wusste ich nicht einmal mit Gewissheit, ob sie den Vorfall auf Band hatten.

Einige Tage später wurde mir die größte Schachtel Merci-Schokolade, die ich je gesehen hatte, ins Haus geliefert.

»Was um Himmels willen ist das?«, fragte ich meinen Mann. »Hast du mir das schicken lassen?«

Er schüttelte den Kopf. Er weiß, dass er mir besser keine Schokolade schenkt, weil er mich sonst während der folgenden Wochen bei jedem meiner Besuche auf der Waage schimpfen hört. In dem Karton war eine Karte – von Maui. Darauf stand: *Es tut mir so leid, dass ich dich gebissen habe. Ich hoffe, du vergibst mir.*

Ich lachte, und mein Mann genoss den nächsten Monat über die Schokolade und fragte mich, ob ich mich vielleicht noch einmal von Maui beißen lassen könnte, weil sich das ganz offensichtlich lohnte!

Im Laufe der nächsten sechs Jahre sorgte ich noch oft für Joys und Stevens Katzen. Während dieser Zeit starben Maui und Icy sowie Scooby, eines der Kätzchen, von dem ich nie mehr gesehen hatte als ein davonhuschendes Stück Fell. Ich selbst musste von meinem Hund Rocky Abschied nehmen und Joy schickte mir eine reizende Beileidskarte. Es berührte mich, dass sie in dieser schwierigen Zeit an mich dachte. Sie war ein sehr netter Mensch und genau wie ich liebte sie Tiere sehr. Inzwischen hatte ich dauerhaft einen Schlüssel zu ihrem Haus und war schon oft genug dort gewesen, dass mir die Nachbarn zuwinkten oder ein paar Worte mit mir sprachen, wenn sie mich sahen.

An einem warmen Septembertag fragte Joy mich, ob ich ihr mit Puma helfen könne, einem von Icys Kätzchen, aus dem mittlerweile eine recht betagte Katze geworden war. Sie hatte Nierenprobleme und musste mehrmals pro Woche ein Medikament unter die Haut gespritzt bekommen. Es wäre sehr teuer gewesen, Puma die Spritzen jedes Mal in der Tierarztpraxis verabreichen zu lassen, deshalb sagte der Arzt, Joy könne ihr die Spritzen auch selbst geben. Doch dabei brauchte sie Hilfe, weil es zwei Menschen und vier Hände erforderte.

Ich willigte ein. Ich hatte sowohl meinen eigenen, wie auch einigen Tieren meiner Kunden schon des Öfteren Spritzen verabreicht, deshalb fühlte ich mich der Aufgabe gewachsen. Ich nahm an, dass Steven sich weigerte, Joy dabei zur Hand zu gehen. Als ich ankam, sagte Joy mir jedoch, dass Steven einen zeitlich befristeten Job in einem anderen Staat angenommen hatte und deshalb die nächsten sechs Monate nicht zu Hause sei. Sonst, sagte sie, hätte er ihr natürlich geholfen.

Joy graute vor Nadeln und ganz sicher war es sehr schwer für sie, ihren Tieren Schmerz zuzufügen. Sie hielt Puma mit geschlossenen Augen fest, während ich die Spritze aufzog. Die Flüssigkeit war in einem großen Infusionsbehälter und ich musste Puma etwa ein Viertel davon unter die Haut spritzen. Sie war alles andere als glücklich über das, was ihr widerfuhr, und es brauchte unserer beider Kraft, um die Aufgabe zu bewältigen.

Leider verschlechterte sich Pumas Zustand einige Monate später drastisch und sie starb. Doch die Zeit, die ich mit Joy verbracht hatte, während ich ihr mit den Spritzen half, erschien mir ganz besonders wertvoll. Ich konnte nicht genau sagen, warum, aber ich spürte, dass meine Hilfe einem Zweck gedient hatte, der noch wichtiger war, als Puma ihr Medikament zu verabreichen.

Joy musste in ihrem Job noch immer viel reisen, und da nun ihr Mann nicht da war, bat sie mich recht oft, für ihre Katzen zu sorgen. Ich war jetzt schon so oft dort gewesen, dass die beiden verbliebenen Katzen – Arby und Necky – nicht mehr wegliefen, sobald sie mich in der Tür erblickten. Stattdessen liefen sie auf mich zu und begrüßten mich. Das war vielleicht auch deshalb der Fall, weil Joy so oft weg war und sie sich über ein wenig Gesellschaft freuten. Aber was immer der Grund war – ich war glücklich, nach fast sechs Jahren ihr Vertrauen und ihre Zuneigung gewonnen zu haben. Endlich bekam ich mehr von ihnen zu sehen als ihren pelzigen Schwanz, der blitzartig verschwand, wenn ich auf der Bildfläche erschien, und beide Katzen hatten mittlerweile einen großen Platz in meinem Herzen.

Necky glich Icy fast bis aufs Haar. Sie hatte ein silber-weißes Fell und ein bezauberndes flaches Gesicht. Arby war weiß mit grauen und schwarzen Flecken und wog um die 17 Kilo! Er war riesig und fast fett. Doch seine reizende Persönlichkeit machte seine rundliche Figur umso liebenswerter.

Inzwischen war fast ein Jahr vergangen, seit Steven den befristeten Job in dem anderen Bundesstaat angenommen hatte, und ich fragte mich, warum er noch nicht nach Hause zurückgekehrt war. Wie mir schien, hatte auch Joy damit zu kämpfen. Ich wusste nicht wirklich, warum, aber in meinem Geist spürte ich jedes Mal eine Schwere, wenn ich in ihrem Haus war und mich um die Katzen kümmerte.

An einem heißen und feuchten Juliabend rief Joy mich auf meinem Handy an. Es war sehr ungewöhnlich, einen Anruf von ihr zu bekommen, denn solange ich schon für ihre Katzen sorgte, hatte sie mir immer Textnachrichten geschickt. Ich befürchtete, dass etwas passiert war, deshalb war meine Stimme ein wenig zittrig, als ich den Anruf entgegennahm.

Joy war außer sich. Necky war unter der Badewanne stecken geblieben und sie hatte mit einem Hammer ein Loch in die Wand schlagen müssen, um sie zu befreien. Sie machte sich Sorgen, dass Necky wegen des Zwischenfalls gestresst sein könnte. Außerdem arbeitete Joy abends sehr lange und fühlte sich schuldig, weil sie die Katzen so oft allein ließ. Deshalb fragte sie mich, ob ich in den nächsten fünf Tagen jeweils einmal täglich nach ihnen sehen könne.

Sie war sehr dankbar, als ich mich dazu bereit erklärte.

Als ich am nächsten Tag Joys Haus betrat, umfing mich sofort wieder die mir mittlerweile vertraute Schwere. Es war, als würden Traurigkeit und Dunkelheit mich einhüllen. Arby lag schlafend auf der Couch. Ich suchte nach Necky und fand sie ebenfalls schlafend in Joys Kleiderschrank. Ich sprach sanft mit ihr und streichelte sie. Sie wachte auf, sah mich kurz an und schlief sofort wieder ein.

Ich schrieb Joy eine Textnachricht, in der ich ihr mitteilte, dass alles in Ordnung war, und hängte ein Foto von der schlafenden Necky und eines von Arby auf der Couch an. Aber obwohl die Katzen Frieden zu haben schienen, war mein Geist sehr unruhig. Irgendetwas stimmte nicht und so fing ich an zu beten.

Herr, ich weiß nicht, warum ich mich so unbehaglich fühle. Ich habe keine Ahnung, was hier vor sich geht, aber bitte hilf mir, zu erkennen, was es ist. Wenn es etwas gibt, das Joy beunruhigt, dann bitte hilf ihr, und bitte hilf mir, ihr zu helfen.

Ich strich Arby und Necky ein letztes Mal über den Kopf und ging. Während ich nach Hause fuhr, betete ich weiter für Joy. Und dann hörte ich Worte, über die ich bis heute nachdenke: *Baue eine enge Beziehung zu Joy auf.* Ich wusste, wer sie gesprochen hatte, und ich weiß noch genau, was ich ohne zu zögern erwiderte: *Okay, Herr, das werde ich tun.* Gott hatte einen Plan und ich wollte ein Teil davon sein. Aber ich hatte noch keine Vorstellung davon, wie groß und wunderbar und zugleich schmerzhaft dieser Plan sein würde.

Manchmal sage ich Gott eifrig, dass ich bereit bin, ihm zu dienen: *Ich werde tun, was immer du willst, Herr!* Und das meine ich auch so. Aber dann habe ich meine eigenen Vorstellungen, wie etwas funktionieren sollte, wobei ich natürlich die schwierigen Teile aus der Gleichung herauslasse. Wahrscheinlich sagt uns die Bibel deshalb, dass unsere Wege nicht seine Wege sind (siehe Jesaja 55,8).

Wenn die verschiedenen Windungen und Wendungen von Gottes Plan zutage treten, beginnt mein Eifer zu schwinden. Aber je näher ich an Gott heranrücke, umso klarer wird mir, dass wir ohne diese schwierigen Abschnitte nicht wirklich zu dem werden können, wozu er uns erschaffen hat. Ohne Tränen werden wir nie wahre Freude haben.

Ich fragte Gott, wie ich eine engere Beziehung zu Joy aufbauen konnte. Sie und ich kommunizierten meistens mittels Textnachrichten, deshalb wusste ich im Grunde nicht viel über sie. Aber ich wusste, dass Gott einen Weg finden würde.

Joy reiste jeden Sommer zu einer geschäftlichen Veranstaltung, die zwischen zwei und vier Wochen andauerte. Während dieser

Zeit sorgte ich jedes Mal für ihre Katzen und sie brachte mir immer ein wunderbares Geschenk mit. Ich war so dankbar für ihre Freundlichkeit. In einer Woche stand diese Reise erneut an und ich sollte mich wieder um Necky und Arby kümmern.

Etwa drei Tage vor ihrer geplanten Abreise bekam ich eine Nachricht von Joy, in der sie mich fragte, ob ich mit ihr zu Mittag essen wolle. Ich war sehr überrascht, aber ich wusste, dass sich mir mit ihrer Einladung eine Tür öffnete, um ihr näherzukommen – ein erhörtes Gebet. Wir verabredeten uns für den nächsten Tag.

Bei diesem Treffen teilte Joy mir mit, dass Steven nicht mehr nach Hause kommen würde. Sie hatten sich auseinandergelebt. Sie erzählte mir von ihrer Vergangenheit, ihrer Ehe und ihrem Gefühl, in vielen Bereichen ihres Lebens betrogen worden zu sein, und schließlich fing sie in unserer Nische des Restaurants an zu weinen. Jetzt wusste ich, warum ich die letzten Male, als ich ihr Haus betrat, diese Traurigkeit und Schwere verspürt hatte.

Ich sagte ihr, dass Gott auch in unseren finstersten Zeiten bei uns ist, aber ich merkte, dass sie meine Worte nicht annehmen konnte. Dennoch arbeitete Gott an ihrem Herzen. Er hatte mich gebeten, eine enge Beziehung zu ihr aufzubauen, und ich wusste, dass er den Rest tun würde.

Auch wenn wir die besten Absichten haben, übertreten wir Christen manchmal die Grenzen, die Gott uns gesetzt hat, und kommen seinen Plänen in die Quere. Auch mir ist das schon passiert und dann musste ich ihn um Schadensbegrenzung bitten. Aber er ist treu, er kennt unser Herz und er weiß, dass wir nur Staub sind (siehe Psalm 103,14). Auch wenn wir seinen Plänen manchmal zuwiderhandeln, werden sie durch unsere staubige Menschlichkeit nicht durchkreuzt.

Joy sollte ihre Geschäftsreise am nächsten Tag antreten und ich hoffte, sie würde irgendwie Gottes Gegenwart und Trost spüren. Als wir das Restaurant verließen und uns auf dem Parkplatz voneinander verabschiedeten, umarmte ich sie, aber ich spürte, dass ihr der körperliche Kontakt ein wenig unangenehm war. Ich verstand erst später, dass sie einfach kein Mensch war, der andere gern umarmte.

Joys Geschäftsreise nahm etwas über zwei Wochen in Anspruch. In dieser Zeit sah ich jeden Tag nach Necky und Arby und sorgte dafür, dass sie Wasser, Futter, ein sauberes Katzenklo und Gesellschaft hatten. Auch diesmal fühlte sich mein Geist jedes Mal, wenn ich Joys Haus betrat, schwer und traurig an. Ich betete für Joy und klebte ihr in einem weiteren Versuch, eine enge Beziehung zu ihr aufzubauen, ein paar Haftnotizen mit Worten der Ermutigung und ein paar Bibelversen an den Badezimmerspiegel.

Als Joy nach Hause zurückgekehrt war, sprach sie mich auf die Haftnotizen an und sagte mir, dass diese und meine Worte bei unserem gemeinsamen Mittagessen ihr sehr geholfen hätten. Und dann fragte sie mich tatsächlich, ob sie irgendwann einmal mit mir und meinem Mann zur Kirche gehen könne! Ich konnte es kaum glauben. Natürlich konnte sie das! Wir vereinbarten, dass wir uns gleich in der nächsten Woche in unserer Gemeinde treffen würden.

Von da an ging Joy sehr oft mit meinem Mann und mir in den Gottesdienst. Sie wirkte meistens ziemlich emotionslos, aber gelegentlich sah ich, dass etwas, das der Pastor sagte, bei ihr ins Schwarze traf. Und ich musste immer lachen, wenn er vorschlug, dass wir einander mit einer Umarmung begrüßen sollten, weil Joy mich dann jedes Mal ansah und sagte: »Ich hasse diesen Teil!« Aber ich umarmte sie trotzdem bei jeder Gelegenheit, die sich mir bot, und baute weiter eine enge Beziehung zu ihr auf, sobald Gott mir eine Tür dafür öffnete.

Ein Jahr nachdem Joy begonnen hatte, mit uns in die Gemeinde zu gehen, stand wieder ihre große jährliche Geschäftsreise an. Die Abreise war für den 1. Juli geplant. Ich hatte das Datum in meinen Kalender eingetragen und wusste, dass sie mir noch eine Textnachricht schicken würde, bevor sie abfuhr.

Am Morgen des 1. Juli ging ich gegen 6.30 Uhr in unsere Küche und streckte meine steifen Arme hoch in die Luft. Die Sonne ging gerade auf und ihre ersten Strahlen stachen mir durch das Küchenfenster in die Augen. Ich kniff sie zusammen, während ich mein Handy suchte, das ich am Abend zuvor irgendwo an eine Ladestation gehängt hatte. Als ich es fand, sah ich meine Nachrichten durch. Von Joy war keine dabei. *Wie seltsam.*

Vielleicht hatte sich ihr Flug geändert. Oder vielleicht hatte sie mir das falsche Datum genannt. Das wäre nicht allzu ungewöhnlich gewesen; es war schon öfter passiert. Aber eigentlich war ich mir sicher, dass das Datum stimmte, weil sie mir nur ein paar Tage zuvor nochmals geschrieben und in ihrer Nachricht den 1. Juli erwähnt hatte. Ich war ein wenig besorgt und so schrieb ich ihr: *Joy, nach meinem Kalender soll ich ab heute für die Katzen sorgen. Ich habe nichts von dir gehört – kannst du mir bitte sagen, ob das Datum stimmt, und wenn nicht, wann das korrekte Datum ist? Danke!*

Während ich Kaffee machte, erzählte ich meinem Mann, dass ich nichts von Joy gehört hatte und deshalb nicht sicher war, ob ich mich am Morgen um die Katzen kümmern sollte. Er lachte, weil auch er wusste, dass Joy sich manchmal mit dem Datum vertat.

Mein Telefon klingelte, aber da ich die Nummer nicht kannte, nahm ich den Anruf nicht an. Ein paar Sekunden später hörte ich den Benachrichtigungston für eine Nachricht auf meiner Mailbox. Eine von Joys Nachbarinnen sagte, dass sie ihr für den Notfall meinen Namen und meine Nummer gegeben hatte, und dass ein Polizist sie gerade darüber informiert hatte, dass Joys Auto in einen Unfall verwickelt worden war. Deshalb war er auf der Suche nach ihr. Die Person, die das Auto gefahren hatte, war gemäß seiner Aussage um die 18 Jahre alt und hatte keinen Identitätsnachweis bei sich.

Ich rief sie zurück und fragte sie, von welcher Dienststelle der Polizist gewesen sei und ob man die Person, die das Auto gefahren hatte, gefunden hatte, aber das wusste sie nicht. Der Polizist hatte ihr nur gesagt, dass der Unfall um 5 Uhr morgens passiert sei, und ihr die betreffende Straße genannt.

Ich war in Panik. Ich glaubte nicht, dass Joy jemand anderem erlauben würde, ihr Auto zu fahren, und sie hatte auch noch nie eine achtzehnjährige Freundin erwähnt. Mein Herz sank und kalte Schauer liefen mir über den Rücken.

Ich fing an, die Autobahnpolizeistationen und Polizeiwachen abzutelefonieren, und schließlich landete ich an der richtigen Stelle. Die Dame am Telefon sagte mir, dass der Polizist, der den Unfall aufgenommen hatte, nicht auf der Wache sei, aber sie versprach mir, ihn anzurufen und ihn zu bitten, sich bei mir zu melden. Sein Anruf kam nur wenige Minuten später.

Ich nahm ihn sofort entgegen und sagte ängstlich: »Hallo?«

Eine tiefe Stimme antwortete mir: »Hallo, mein Name ist Crowley. Ich bin Polizeibeamter.«

»Danke, dass Sie mich so schnell zurückrufen. Ich versuche herauszufinden, wer in den Unfall, den Sie heute Morgen aufgenommen haben, verwickelt war. Ich – ich glaube, es war meine Freundin Joy.« Ich versuchte ruhig zu sprechen, aber meine Stimme zitterte vor Sorge.

»Wie alt ist Joy?«

»Sie ist Mitte 40, aber sie sieht sehr jung aus.«

»Die Fahrerin, die wir mit dem Rettungshubschrauber abtransportiert haben, war auf keinen Fall Mitte 40. Ich schätze, sie war um die 18 Jahre alt«, sagte er, wie um mich zu beruhigen.

»Joy würde nie jemandem ihr Auto überlassen und sie hat nie eine Freundin in diesem Alter erwähnt«, sagte ich ihm. Tief in meinem Innern wusste ich, dass die Fahrerin höchstwahrscheinlich Joy war.

»Die Dame hatte keinen Sicherheitsgurt angelegt und auch keinen Ausweis dabei«, sagte der Polizist. Außerdem informierte er mich darüber, dass niemand sonst in dem Auto gesessen hatte und keine anderen Fahrzeuge in den Unfall verwickelt waren.

»Wie geht es ihr?«, fragte ich, obwohl ich mich vor der Antwort fürchtete.

»Die Sanitäter haben über eine Stunde gebraucht, um sie aus dem Auto zu befreien. Dann wurde sie mit dem Hubschrauber ins Krankenhaus gebracht.«

Ich fragte, in welches Krankenhaus, aber das wusste er nicht.

Sobald ich aufgelegt hatte, schrieb ich Joy eine Textnachricht: *Joy, wo bist du? Ich habe gerade erfahren, dass dein Auto in einen Unfall verwickelt wurde. Bitte ruf mich an! Ich muss wissen, dass es dir gut geht!*

In der Tiefe meines Herzens fühlte ich mich krank. Und von dort kam auch die Gewissheit, dass es Joy gewesen war, die das Auto gefahren hatte.

Ich fing an, sämtliche Krankenhäuser in der Gegend anzurufen und zu fragen, ob eine Frau mit Joys Namen als Unfallopfer eingeliefert worden war. Aber jedes Mal lautete die Antwort Nein. Ich war ratlos, aber auch erleichtert. Dann fiel mir jedoch ein, dass der Polizist gesagt hatte, das Opfer habe keinen Ausweis dabei gehabt. Ich wusste, dass allen unbekannten weiblichen Personen vorübergehend der Name Jane Doe gegeben wurde.

Also rief ich nochmals alle Krankenhäuser an und schließlich sagte mir jemand, dass am Morgen eine Jane Doe eingeliefert worden war. Die Dame stellte mich an eine andere Abteilung durch, wo sich eine ruhige, freundliche Stimme meldete. Die Schwester fragte mich, wer ich sei und in welcher Beziehung ich zu der Frau stünde, die ich suchte. Ich sagte es ihr und informierte sie darüber, dass Joy meine Nummer angegeben hatte, damit man mich im Notfall kontaktierte, weil sie keine Familie in der Nähe hatte. Dann nannte ich ihr Joys Namen und beschrieb sie ihr.

Sie sagte, ich solle sofort ins Krankenhaus kommen. Meine Frage, ob es der Frau, die den Unfall erlitten hatte, gut ging, beantwortete sie mir nicht. Ich versprach, in etwa einer Stunde da zu sein. Als ich auflegte, flossen meine Tränen. Ich hatte ein schreckliches Gefühl im Bauch.

Inzwischen war mein Mann gekommen.

»Ich kann das nicht!«, schrie ich. »Sie ist tot. Ich weiß es!«

Er zog mich dicht an sich und ich begrub mein Gesicht an seiner Schulter. »Du musst es tun«, sagte er mit ruhiger, aber feierlicher Stimme. »Sie braucht dich und du musst jetzt stark sein.«

Aber ich konnte einfach nicht. Ich habe mich schon immer davor gefürchtet, schreckliche Dinge zu sehen. Ich will niemanden sehen, der verletzt ist, … oder Schlimmeres. Ich weiß nicht, wie

Ersthelfer ihren Job machen können. Als ich noch ein kleines Mädchen war, starb meine Urgroßmutter und ich wurde in den Raum gebracht, in dem sie lag. Ich lief weg, so schnell mich meine Beine trugen. Ich konnte es nicht ertragen, jemanden, den ich liebte, tot zu sehen.

»Bitte, Gott, ich will das nicht tun müssen. Bitte nicht!«, sagte ich laut.

»Sie warten auf dich«, sagte mein Mann, während er meine Hand nahm und sie drückte. »Du kannst das, Christi. Gott wird bei dir sein und ich auch.«

Hast du Gott schon einmal gesagt, dass du etwas, das er dir aufgetragen hat, nicht tun kannst? Oder ihn angefleht, dass er dich nie um etwas bitten soll, vor dem du dich fürchtest, weil du wusstest, dass du es nicht würdest tun können?

Die Bibel ist voll mit Geschichten von Menschen, denen Gott etwas auftrug, das ihnen entweder unmöglich erschien oder ihnen Angst einjagte. Als er Mose sagte, dass er zu Pharao gehen und ihn bitten solle, die Israeliten ziehen zu lassen, machte sich dieser nicht sofort freudig ans Werk. Er erwiderte, er sei nicht der richtige Mann für diese Aufgabe, weil er sich davor fürchtete, in der Öffentlichkeit zu sprechen. Und Jona? Er landete im Bauch eines Fisches, weil er nicht tun wollte, was Gott ihm gesagt hatte.

Aber wenn wir Gott gehorchen und tun, worum er uns gebeten hat – auch wenn wir glauben, es niemals schaffen zu können oder Angst davor haben –, wird er immer bei uns sein. Das kann ich aus meiner eigenen Erfahrung bestätigen. Er wird uns mit allem ausstatten, was wir brauchen (siehe Hebräer 13,21) und uns eine

Kraft geben, von der wir nie geglaubt hätten, dass wir sie aufbringen können. Leider lassen wir uns oft von unserem Feind davon überzeugen, dass wir sowieso scheitern werden. Er flüstert uns Lügen zu, wie: *Du kannst das nicht ... Gott würde dich nie um so etwas bitten ... Du bist nicht würdig, große Dinge für ihn zu tun ... Das schaffst du ganz sicher nicht.*

Aber Gottes Wort sagt uns etwas anderes, und wenn wir auf die Wahrheit unseres Gottes hören und die Lügen des Feindes ignorieren, kann Gott große und mächtige Dinge durch uns tun.

Tränen strömten über mein Gesicht, als ich irgendetwas anzog und ins Auto stieg. Wir fuhren schweigend, während ich mir vorstellte, dass ich Joy identifizieren musste. Wie konnte ich das tun? Warum hatte Gott mich darum gebeten? Es schien alles so unwirklich zu sein. Wie war ich nur in diese Situation geraten? Ich war doch nichts weiter als Joys Haustiersitterin. Warum musste ich nun plötzlich diese schreckliche Rolle spielen?

Die Frau am Telefon hatte mir gesagt, wo wir hingehen sollten, wenn wir ankamen, und mit jedem Schritt, der uns der Notaufnahme näher brachte, zog sich mein Magen ein wenig mehr zusammen. Einmal hielt ich an und sagte zu meinem Mann: »Bring mich nach Hause!« Aber ich wusste, dass ich weitergehen musste.

Als wir an den Empfang der Station kamen, betete ich leise: »Lieber Gott, wenn es das ist, worum du mich bittest, hilf mir bitte. Gib mir die Kraft, es zu tun.«

Dann beschloss ich, Joy für alle Fälle noch eine letzte Textnachricht zu schicken: *Joy, ich habe so große Angst. Bitte sag mir, dass es dir gut geht.* Ich hoffte immer noch, dass nicht sie es war, die in diesem Krankenhaus lag; dass alles ein Missverständnis war, Joy längst im Flugzeug saß und ich wieder nach Hause gehen konnte.

Auf dem Tresen stand ein Telefon, daneben ein Schild mit dem Hinweis, dass wir den Hörer abnehmen und warten sollten, bis sich jemand meldete. Nachdem ich erklärt hatte, wer ich war, sagte mir eine Frauenstimme, dass wir zu der großen Doppeltür neben dem Empfang gehen sollten, dort würde uns jemand abholen.

Während wir warteten, hielt ich die Hand meines Mannes fest umklammert. Dann öffnete sich die Tür und eine Schwester in einem grauen Kittel begrüßte uns.

»Lebt sie?«, fragte ich.

»Ja, aber sie liegt im Koma. Sie hat ein schweres Schädel-Hirn-Trauma. Ich muss Sie warnen: Sie sieht vielleicht nicht so aus, wie Sie sie kennen. Sie ist durch den Unfall stark entstellt.«

Sie nahm meine Hand und legte ihren Arm um mich, während sie mich einen langen Flur hinunterführte. Dann betraten wir einen großen Raum. Angst stieg in mir auf, als ich das Piepsen und Zischen der Beatmungsmaschinen hörte. In der Mitte des Raumes war ein großer Tisch, hinter dem mehrere Ärzte und Schwestern standen. Als ich mit der Schwester und meinem Mann an meiner Seite näher kam, hoben alle den Kopf und beobachteten mich. Sie wussten, warum ich da war.

Ich hielt den Atem an. Die Schwester drückte meine Hand, als mein Mann und ich je an eine Seite des Bettes traten. Ich sah auf die Person, die dort lag, und betete immer noch, dass es nicht Joy war.

Die Verletzungen durch den Unfall waren so schlimm, wie die Schwester gesagt hatte, und ich glaube, mein Gehirn wollte das alles nicht aufnehmen, um mir die Wahrheit zu ersparen. Einen Moment lang dachte ich: *Das ist sie nicht.* Aber dann sah ich meinen Mann an, der nickte und meine schlimmsten Befürchtungen bestätigte.

Meine Knie gaben nach und ich fing an zu weinen. Die Schwester legte ihre Arme um mich. Als ich den Kopf hob, sah ich in die ernsten Gesichter der Ärzte und Schwestern, die um den Tisch herumstanden. »Sie ist es«, sagte ich. Die Schwester fragte mich, ob sie enge Familienangehörige habe, und ich erzählte ihr von Joys getrennt lebendem Ehemann.

»Ich muss ihn anrufen«, sagte ich.

»Nehmen Sie sich alle Zeit, die Sie brauchen«, sagte die Schwester und drückte mir noch ein letztes Mal die Hand, bevor sie ging.

Zum Glück hatte Joy mir Stevens Nummer gegeben. Ich rief ihn an und berichtete ihm, was passiert war. Er sagte, er würde den ersten Flug nehmen, den er bekommen konnte.

Durch meinen Tränenschleier konnte ich Joys Gesicht nur verschwommen sehen, aber ich nahm ihre Hand und sagte: »Joy, ich bin es, Christi. Ich bin hier bei dir im Krankenhaus. Du hattest einen schlimmen Unfall. Ich weiß, dass du mich hören kannst. Wenn Gott dich ruft, nimm seine Hand. Kämpfe nicht gegen das an, was er dir sagt.« Dann beteten mein Mann und ich. Ich bat Gott, mir die richtigen Worte zu schenken, und ermutigte Joy weiterhin, auf seine Stimme zu hören.

Necky und Arby waren allein und so fuhr ich nach ein paar Stunden zu Joys Haus, um nach ihnen zu sehen.

In den nächsten Tagen verließ ich das Krankenhaus nur, um Joys Katzen zu versorgen. Ich hatte Joys Arbeitgeber über den Unfall informiert. Inzwischen hatten sich noch einige andere Menschen im Warteraum der Notaufnahme eingefunden. Wir wechselten uns damit ab, an ihrem Bett zu sitzen. Am Mittwoch, drei Tage nach dem Unfall, war mir das Herz sehr schwer. Joy lag immer noch im Koma und die Ärzte sahen keine Verbesserung ihres Zustands.

Den ganzen Tag über hatte ich immer wieder eine Vision. Sie kam jedes Mal aus heiterem Himmel, wie eine Art Blitz, der durch meinen Verstand zuckte. Ich hatte plötzlich das Bild einer lächelnden, wunderschönen Joy vor Augen. Im Hintergrund sah ich schwach, aber eindrucksvoll, eine Szenerie mit Bäumen und einem blauen Himmel.

Ich fragte mich, was das bedeutete. An diesem Abend betete ich: *Gott, ich muss einfach wissen, dass es Joy gut geht. Vielleicht ist das zu viel verlangt, aber wenn es irgendeine Möglichkeit gibt, gib mir bitte ein Zeichen.* Ich hoffte, dass das, was ich ihr im Laufe des letzten Jahres über Gott gesagt und was sie bei ihren Besuchen in der Gemeinde gehört hatte, sie berührt und ihr Herz auf diese Zeit vorbereitet hatte. Ich musste es einfach wissen und ich brauchte die Gewissheit, dass Gott bei ihr war.

In dieser Nacht träumte ich, dass ich eine Textnachricht von Joy bekam, und in meinem Traum ärgerte ich mich, weil ich dachte, dass mir jemand einen grausamen Streich spielte. Der Text lautete: *Was??!! Es geht mir wunderbar!* Dann war der Traum vorüber.

Als ich aufwachte, war ich verwirrt. *Was ist das nur für ein Traum gewesen?* Aber dann offenbarte Gott mir die Bedeutung dieser Nachricht. Ich erinnerte mich daran, was ich Joy als Letztes geschrieben hatte. Das war im Krankenhaus gewesen, und mein Text lautete, dass es einen Unfall gegeben hatte und ich wissen musste, dass es ihr gut ging. Und ich hatte Gott am Abend vorher gebeten, mir ein Zeichen zu geben, dass mit ihr alles in Ordnung war. Da Joy und ich fast immer über Textnachrichten kommuniziert hatten, ergab es absolut einen Sinn, dass Gott einen Traum mit einer geschriebenen Nachricht gebrauchte, um mein Gebet zu beantworten.

Joy sagte: »Was??!!«, weil sie überrascht war, dass ich sie fragte, ob es ihr gut ging. Dann sagte sie: »Es geht mir wunderbar« – wunderbar, weil sie bei Gott war.

Das Bild, das ich am Tag zuvor von ihr gehabt hatte, war eine Vision von ihr im Himmel gewesen. Das bestätigte sich ein paar Tage später, als die Ärzte Steven sagten, dass Joy entweder am Dienstag oder am Mittwoch gestorben war.

Die Maschinen hatten nur noch ihre Körperfunktionen aufrechterhalten.

Die Nacht ist noch voll Weinen, doch mit dem Morgen kommt die Freude.
Psalm 30,6

Mein Schmerz, Joy zu verlieren, war groß, aber viel größer war meine Freude darüber, sie beim Herrn zu wissen. Wenn ich zurückblicke, verstehe ich, warum Gott mir ein Jahr vor ihrem Tod sagte, dass ich eine enge Beziehung zu ihr aufbauen sollte. Das erfüllt mich bis zum heutigen Tag mit Staunen.

Aber Gott offenbarte mir noch etwas anderes. Der Polizist, der am Unfallort gewesen war, hatte mir gesagt, dass er überall nach ihrem Personalausweis gesucht, ihn aber nicht hatte finden können. Aber wenn er ihn gefunden hätte – wenn er mehr gewusst hätte, als dass das Auto ihr gehörte –, hätte ihn sein Weg nicht zu mir geführt. So hart es auch gewesen war, was ich erleben musste, hätte ich es keinesfalls missen mögen, bei Joy zu sein, für sie zu beten und mit ihr zu sprechen. Ich glaube von ganzem Herzen, dass sie mich hörte, als ich ihr sagte, dass sie auf Gottes Stimme achten solle.

Einige Tage später, als Steven ihr Auto ausräumte, fand er ihren Personalausweis unübersehbar unter dem Fahrersitz.

Steven bat mich, auf Joys Beerdigung eine Rede zu halten. Ich bin kein Mensch, der gern vor Publikum spricht. Ich kann viel besser formulieren, was ich sagen will, wenn ich es aufschreibe. Dennoch willigte ich ein. Ich betete darüber, was ich sagen sollte, und bat Gott, mir die richtigen Worte zu schenken. Ich wollte allen von der Vision und dem Traum erzählen, den ich gehabt hatte, aber ich befürchtete, dass die Menschen das nicht verstehen würden.

Schließlich schrieb ich alles auf, von dem ich glaubte, dass es in Gottes Sinn war, doch den Teil über den Traum und die Vision ließ ich weg.

Kurz vor der Begräbnisfeier erzählte ich dem Pastor davon – und auch von meiner Angst, darüber zu sprechen. Er fand die Geschichte ganz erstaunlich und absolut erzählenswert, aber er sagte, ich solle tun, was ich für das Beste hielt. Dann bekam ich eine Textnachricht von einer Freundin, in der sie mich ebenfalls ermutigte, sie zu erzählen. Ich war hin- und hergerissen. Ich wusste, dass Gott das alles perfekt arrangiert hatte, aber Furcht erfüllte meine Gedanken mit Lügen, sodass ich Gott schließlich sagte, dass ich das nicht tun konnte.

Als die Zeit für meinen Beitrag kam, holte ich tief Luft, ging nach vorn und stieg die vier Stufen zu dem hölzernen Podium hinauf. Meine Knie zitterten. In der Kapelle waren über 200 Menschen, die meisten von ihnen ehemalige Kollegen von Joy. Ich legte mein Handy, auf dem ich die wichtigsten Punkte meiner Rede notiert hatte, vor mich auf das Pult und begann zu sprechen. Ich erzählte den Menschen, was uns zusammengeführt hatte, und welche Freude es für mich gewesen war, Joy kennenzulernen und ihre Katzen zu hüten. Ich sprach über all die Dinge, die ich an ihr liebte, und berichtete, dass sie das letzte Jahr über mit mir in unsere Gemeinde gegangen war.

Als ich am letzten Punkt meiner Notizen angekommen war, nahm ich mein Handy und wollte das Podium verlassen, aber irgendetwas hielt mich zurück. Ich konnte mich nicht bewegen. Plötzlich wurde ich von einem wunderbaren Frieden erfüllt und die Worte kamen wie von allein aus meinem Mund. Ich schilderte meine Vision; dann las ich die letzte Nachricht vor, die ich Joy geschickt hatte, und erzählte von der Nachricht in meinem Traum.

Als ich geendet hatte, sah ich zum Pastor hinüber, der mir beruhigend zunickte, und ging dann wieder zu meinem Platz. Mein Mann drückte meine Hand und sagte: »Das hast du gut gemacht.« Aber ich wusste, dass nicht ich es gewesen war, die diese Worte gesprochen hatte.

Als der Trauergottesdienst vorüber war, gingen mein Mann und ich hinaus ins Foyer und stellten uns dort an die Seite, damit die anderen Besucher an uns vorbeigehen konnten. Doch viele blieben bei mir stehen. Manche umarmten mich, andere schüttelten mir die Hand und alle sagten mir, dass die Geschichte meines Traums und meiner Vision ganz erstaunlich war. Selbst in den Wochen danach erzählte mir immer wieder jemand, wie sehr sie ihn berührt hatte.

Ich denke noch oft an Joy. Ich sehe ihr schönes Gesicht aus meiner Vision vor mir. Es überrascht mich immer noch, wie Gott mich durch all die schmerzhaften Erfahrungen, für die ich glaubte, nicht genug Kraft zu haben, hindurchtrug. Aber seine Kraft zeigt sich in unserer Schwachheit, ganz gleich, wie groß sie ist (siehe 2. Korinther 12,9).

Leider starb Necky kurze Zeit später und so war nur noch Arby übrig, den Steven zu sich nahm. Ein paar Monate später rief ich Steven an, um zu fragen, wie es Arby ging. Er sagte, es ginge ihm großartig und das Fressen sei immer noch seine Lieblingsbeschäftigung. Er hatte sich in seiner neuen Umgebung gut eingewöhnt.

Ich weiß, dass ich Joy eines Tages wiedersehen werde, und dann werden alle unsere Tränen abgewischt sein. Das erfüllt mich mit großer Freude.

Lieber Herr, das Leben ist schwierig, aber ich bin so dankbar, dass du mir deine übernatürliche Kraft gibst, die ich selbst nie aufbringen könnte. Bitte erinnere mich immer daran, dass es großen Segen hervorbringt, Ja zu dir zu sagen, auch wenn mir etwas großen Schmerz bereitet. Ich sehne mich nach dem Tag, an dem meine Augen auf das Sichtbare blicken, das aus dem Glauben geboren wird, aber ich danke dir, dass du dich mir bis dahin auf übernatürliche Weise offenbarst. Hilf mir, mich von meinen Ängsten zu befreien. Ich weiß, dass deine Liebe und deine Treue jede einzelne von ihnen zur Ruhe bringen. Durch dich allein kann ich große und mächtige Dinge tun. In Jesu Namen. Amen.

# 12

Abschied

> Alles hat seine Zeit, alles auf dieser Welt hat seine ihm gesetzte Frist …
> *Prediger 3,1*

Wir alle wissen, dass ein Abschied nie einfach ist. Aber was wäre, wenn wir ohne jeden Zweifel wüssten, dass wir die Person, der wir Lebewohl sagen, irgendwann wiedersehen werden? Wäre es dann nicht einfacher? Damit will ich nicht sagen, dass wir diese Person nicht vermissen würden, aber zu wissen, dass unser Lebewohl nur vorübergehend ist, wäre ein großer Trost für uns.

Wenn wir uns morgens von unserem Ehepartner verabschieden, der sich auf den Weg zur Arbeit macht, sehen wir es oft als selbstverständlich an, dass er am Abend zurückkommt. Unser »Auf Wiedersehen« erfolgt routiniert und ohne dass wir uns groß Gedanken darüber machen. Müssten wir jedoch unserem Ehepartner, der in den Krieg zöge, »Auf Wiedersehen« sagen, hätten unsere Worte eine ganz andere Tragweite und wären von Unsicherheit geprägt. Die Wahrheit ist: Kein »Auf Wiedersehen« trägt die Garantie in sich, dass die Trennung nur vorübergehend ist, wenn nicht beide Partner den Einen kennen, der all denen, die ihn lieben, ewiges Leben verheißt. Dann, und nur dann, gründet unser »Auf Wiedersehen« auf der Gewissheit, dass wir in der Zukunft irgendwann einmal wieder vereint sein werden.

Warst du schon einmal auf einer Beerdigung, auf der jemand etwas gesagt hat, wie: »Jetzt hat der Himmel einen weiteren Engel«, oder: »Jetzt hat er seine Flügel bekommen«? Es ist zwar nett, so etwas zu sagen, aber es entspricht nicht der Wahrheit von Gottes Wort. Nicht jeder, der stirbt, geht in den Himmel. Wir haben nur eine einzige Möglichkeit, in den Himmel, an den Wohnort Gottes zu gelangen – wir müssen seinem Sohn Jesus vertrauen und eingestehen, dass wir gesündigt und das Leben in der Herrlichkeit Gottes verloren haben (siehe Johannes 3,36; Römer 3,23).

Wenn wir und die Menschen, die wir lieben, auf Jesus vertrauen; wenn wir ihm unsere Sünden bekannt und ihn um Vergebung gebeten haben, wissen wir ohne jeden Zweifel, dass unser Abschied nur vorübergehend ist, ganz gleich, was passiert. Eines Tages werden wir wieder vereint sein, auch wenn der Tod uns für eine gewisse Zeit trennt.

Diese Wahrheit erfüllt mich mit Frieden.

Wenn du diesen Frieden nicht hast und nicht sicher bist, ob du nach deinem letzten Atemzug hier auf der Erde den nächsten im Himmel tun wirst, kannst du ein einfaches Gebet sprechen, wie das Folgende:

Lieber Herr, aufrichtig komme ich zu dir. Ich weiß, dass ich gegen dich gesündigt habe, dass ich dein Herz gebrochen und Dinge getan habe, die in deinen Augen nicht richtig waren. Bitte vergib mir und erfülle mich mit deinem Geist, damit ich noch einmal ganz von vorn beginnen und für dich leben kann.
Mach mich zu einer neuen Schöpfung in Christus. Ich glaube, dass dein Sohn am Kreuz gestorben ist, damit ich leben kann; dass er meinen Platz einge-

nommen und meine Sünden getragen hat. Ich glaube, dass er auferstanden ist und jetzt zu deiner Rechten sitzt, und dass ich durch seinen Tod und seine Auferstehung einen Platz in deinem ewigen Reich geerbt habe. Ich bete in Jesu Namen. Amen.

Wenn du Gott um Vergebung für deine Sünden gebeten hast, bist du gemäß Gottes Wort eine *neue Schöpfung* (siehe 2. Korinther 5,17) und dir wurde vergeben (siehe 1. Johannes 1,9). Du bist jetzt ein Kind Gottes und hast ein Erbe in seinem ewigen Reich (siehe Galater 4,7; Johannes 1,12). Ich kann dir versichern, dass alle Bewohner des Himmels jetzt ein Freudenfest für dich feiern!

In all den Jahren als Haustiersitterin musste ich schon von vielen der Tiere, um die ich mich kümmerte, Abschied nehmen. Manche sagen, wenn ein Haustier stirbt, »überquert es die Regenbogenbrücke«. Aber ich glaube, dass jene von uns, die einen Platz in Gottes Reich erben, ihre geliebten Haustiere dort wiedersehen werden, denn die Bibel sagt über Tiere im Himmel:

Deine Gerechtigkeit ist unerschütterlich wie die Berge und dein Urteil gründet tief wie das Meer. Herr, du sorgst für Menschen und Tiere gleichermaßen.
Psalm 36,7

Dann werden der Wolf und das Lamm einträchtig zusammenleben; der Leopard und die Ziege werden beieinander lagern. Kalb, Löwe und Mastvieh werden Freunde und ein kleiner Junge wird sie hüten. Kuh und Bär

werden miteinander weiden. Ihre Jungen werden nebeneinander ruhen. Der Löwe wird Stroh fressen wie das Vieh. Der Säugling spielt am Schlupfloch der Otter. Ja, ein Kleinkind steckt seine Hand in eine Giftschlangenhöhle. Auf meinem ganzen heiligen Berg wird niemand mehr etwas Böses tun oder Unheil stiften ...
Jesaja 11,6-9

... und alles Fleisch wird das Heil Gottes sehen.
Lukas 3,6; ELB

Die in weißes, reines Leinen gekleideten Heerscharen des Himmels folgten ihm auf weißen Pferden.
Offenbarung 19,14

Und dann hörte ich, wie alle Geschöpfe im Himmel und auf der Erde und unter der Erde und im Meer sangen: »Lob und Ehre und Herrlichkeit und Macht stehen dem zu, der auf dem Thron sitzt, und dem Lamm für immer und ewig.«
Offenbarung 5,13

Immer, wenn ich mich von einem Tier – sei es einer meiner Schützlinge oder eines meiner eigenen – verabschieden muss, tröstet es mich sehr, diese Verse in Gottes Wort zu lesen. Ich weiß, dass ich sie alle, wann auch immer der Herr es will, wiedersehen werde, und das wird unbegreiflich schön sein. In 1. Korinther 2,9 lesen wir: »Aber es ist passiert, wie es in der Schrift heißt: ›Kein Auge hat je gesehen, kein Ohr je gehört und kein Verstand je erdacht, was Gott für diejenigen bereithält, die ihn lieben.‹«

Billy Graham sagte einmal: »Gott wird im Himmel alles für uns vorbereiten, damit wir vollkommen glücklich sind, und wenn für mich dazugehört, dass ich meinen Hund wiedersehe, glaube ich, dass er da sein wird.« Das glaube ich auch.

Dieses Kapitel ist den Tieren gewidmet, denen ich »Auf Wiedersehen« sagen musste. Jedes einzelne von ihnen war etwas Besonderes für mich und ich vermisse sie alle bis zum heutigen Tag. Aber der Herr hat nicht nur jedes von ihnen dafür gebraucht, mich etwas zu lehren – er hat auch jedes von ihnen dafür gebraucht, mich auf eine Art und Weise zu segnen, die ich mir nie hätte vorstellen können. Und eines Tages, eines wunderbaren Tages werde ich sie wiedersehen. Daran glaube ich ganz fest.

Lieber Gott, du bist ein Gott der Zeiten, und in deinem Wort heißt es, dass alles unter dem Himmel seine Zeit hat. Manche Zeiten sind schwierig, andere voller Segen. Aber du gibst uns die Hoffnung, dass eine bessere Zeit kommen wird, eine ewige Zeit voller Segen, die wir uns nicht einmal ansatzweise vorstellen können. Schenk uns bis dahin Gnade und Kraft für unser Leben hier auf der Erde, während wir auf die Wiederkehr deines Sohnes warten. Dann werden wir niemals mehr »Auf Wiedersehen« sagen müssen. In Jesu Namen. Amen.

Im Gedenken an meine liebsten pelzigen und gefiederten Freunde

Rocky (Rocket Man) – Ich habe dich geliebt wie keinen anderen Hund in meinem Leben. Du warst ein so großer Segen für mich. Du warst sensibel und gleichzeitig energisch und hast immer die Meute angeführt. Du hast mich gelehrt, stark zu sein und zuzulassen, dass Gottes wunderbare Gnade durch meine Schwäche sichtbar wird. Ich vermisse dich jeden Tag, aber ich weiß, dass ich dich eines Tages wiedersehen werde.

Mick – Du warst ein starkes und wunderschönes Pferd. Ich habe deine schwarze Mähne geliebt. Du hattest einen sanften Geist und warst ein großartiger Gefährte und Beschützer für deine Herde. Ganz gleich, wie sehr die anderen dich ärgerten, warst du immer bereit, zu vergeben. Du hast mich gelehrt, dass Freundlichkeit oft besser ist als Strenge.

Benjamin – Du warst einer der klügsten Hunde, die ich je gekannt habe. Mein Mann und ich witzelten immer, dass wir aufpassen mussten, was wir sagten, wenn du bei uns warst, weil du deinen Besitzern zu Hause wahrscheinlich jedes Wort berichten würdest! Es war eine Freude, für dich zu sorgen, und ich habe dich sehr geliebt. Ich werde den Tag, an dem ich hörte, dass es Zeit war, von dir Abschied zu nehmen, nie vergessen. Du hast mich gelehrt, nichts als selbstverständlich anzusehen und jeden Tag dankbar zu sein.

Benny (Benny und die Jets) – Du warst Bensons bester Freund und ein solcher Schatz! Ich hatte dich so gern bei mir. Alle liebten dich. Du kamst gut mit den anderen Hunden aus und warst ein großer Friedensstifter. Du hast mich gelehrt, wie wichtig es ist, andere zu lieben – auch jene, die es uns manchmal schwer machen.

Happy – Du warst so glücklich, wie dein Name es vermuten ließ, und einer der reizendsten Hunde, die ich je gesehen habe. Auch wenn du nur eine kurze Zeit hier warst, hast du alle, die mit deiner Anwesenheit gesegnet waren, sehr glücklich gemacht.

Ralph – Du warst ein wunderschöner, herausragender und majestätischer Australian Shepherd. Ich werde nie vergessen, wie viel Spaß wir beim Ballspiel zusammen hatten. Du hattest eine so empfindsame Seele und hast deine Schwester sehr geliebt. Du hast uns viel zu früh verlassen.

Scotty – Du warst ein ganz besonderer Hund und hast deinem Besitzer viel Freude gemacht. Darüber hinaus warst du der beste Eidechsenjäger weit und breit – eine Eigenschaft, die bei West-Highland-Terriern sehr ausgeprägt ist. Ich weiß nicht, warum dein Leben so kurz war, aber ich weiß, dass es viel Gutes bewirkt hat. Gott hat dir Schönheit für Asche gegeben. Eines Tages werden wir dich wiedersehen – da bin ich ganz sicher.

Norton (Norty) – Du warst so ein guter Hund. Du hast meine Hündin Bella auf Trab gehalten und ihr beim Ballspiel harte Konkurrenz gemacht. Ich hatte immer dein Lieblingsbett für dich bereit, wenn du zu mir kamst, und du warst so freundlich. Gott hat immer einen Plan, und auch wenn ich nicht verstehe, warum du so früh von uns genommen wurdest, weiß ich, dass für jene, die ihr Vertrauen auf den Herrn setzen, alles zum Guten mitwirkt. Ich werde dich wiedersehen.

Sophie – Du warst der absolute Liebling deines Besitzers. Ich kannte dich nur kurze Zeit, aber mir wurde schnell klar, warum du so geliebt wurdest. Du warst der allerbeste Wachhund und wir vermissen dich so sehr.

Lexas – Du warst eine Prinzessin mit einem reizenden Wesen. Wie die meisten Shih Tzus hattest du deinen eigenen Kopf und hast es alle wissen lassen. Ich bin so dankbar, dass ich von deinen 17 Jahren hier auf der Erde über drei Jahre lang für dich sorgen durfte. Du warst ein Segen für mich.

Icy, Puma, Necky, Scooby und Maui – Ich vermisse euch »Kätzchen« so sehr. Ihr habt in dem wunderbarsten Plan Gottes die wunderbarste Rolle gespielt. Danke, dass Gott euch gebrauchen konnte, um so großartige und mächtige Dinge zu tun!

Rolle – Du hattest ein Herz aus Gold. Auch wenn es dir nicht gut ging, hast du immer versucht, mir das Leben leichter zu machen. Du warst einer der größten Hunde, auf die ich je aufgepasst habe, aber du warst etwas ganz Besonderes. Du fehlst mir sehr.

Roxie – Wie die meisten Highland Terrier hattest du eine riesige Lebensfreude. Du hast es geliebt, dich vor mir zu verstecken, wenn du geglaubt hast, dass ich deiner Eidechsenjagd ein Ende setzen will, und du hast mich jedes Mal, wenn du bei mir warst, zum Lachen gebracht. Du hattest immer Zeit für eine Umarmung. Ich werde dich immer vermissen.

Carl – Der Tag, an dem ich dich zum ersten Mal sah, wird mir für immer in Erinnerung bleiben.
    Deine Größe und deine königliche Erscheinung schüchterten mich ein, aber du hast mich gelehrt, dass man nie nach dem äußeren Anschein urteilen soll, weil du dich als der reizendste, sanfteste Hund erwiesen hast, den ich je gekannt habe. Du warst sowohl klug als auch treu und ein großer Beschützer. Ich werde dein sanftes Wesen nie vergessen.

Sandy – Du warst deiner kleinen Schwester Hollis ein wunderbares Vorbild. Du warst ein gut erzogener und ruhiger Hund, und es war eine Freude, für dich zu sorgen. Es brach mir das Herz, dass ich nicht die Gelegenheit hatte, mich von dir zu verabschieden. Aber ich glaube, dass ich dich wiedersehen werde, mein süßes Mädchen.

Rocko – Du bist dir ganz sicher treu geblieben! Ich werde die Lektion, die du mich gelehrt hast, niemals vergessen.

Jazzy – ich liebte dein Schnauben und deine kurzen Boston-Terrier-Beine, die sofort anfingen zu laufen, wenn ich das Glas mit den Leckerbissen öffnete. Du warst der beste Streifenhörnchenjäger des ganzen Universums! Und du hast die besten Küsse gegeben. Du hast mich gelehrt, dass das Glück am größten ist, wenn man es teilt.

Fritz – Du warst der perfekte Gast und der perfekte Gentleman. Nichts konnte dich aus der Ruhe bringen. Ich konnte mich immer darauf verlassen, dass du gehorchst. Deine Lieblingsplätze waren in meinem Bett und unter den Decken. Obwohl du ein Zwergpinscher warst, war dein Herz alles andere als zwergenhaft.

Didi – Als ich dich zum ersten Mal sah, glaubte ich, du würdest mich nie akzeptieren, weil du so schüchtern warst. Aber schon beim ersten Mal, als ich dich in Pflege hatte, hast du mich eines Besseren belehrt. Du wurdest zu meinem Schatten und warst nie weit von meinem Schoß entfernt. Du hast immer dafür gesorgt, dass niemand aus der Reihe tanzt, obwohl du als winziger Chihuahua kleiner warst als alle anderen. Ich war sehr gesegnet, fast zehn Jahre für dich sorgen zu dürfen.

Toto – Du hast mich immer auf Trab gehalten, aber du warst so ein guter Hund. Es ist kaum zu glauben, dass wir so viele Jahre miteinander verbracht haben. Ich werde dich immer lieben und denke immer noch oft an dich.

Freddy – Du hattest das größte, vertrauensvollste Herz, das ich je bei einem Pferd gesehen habe. Du hast mich gelehrt, niemals aufzugeben, auch wenn es hoffnungslos aussieht.

Gideon – Ein Hund, der für immer in meinem Herzen sein wird. Ich werde dich nie vergessen. Wir sehen uns wieder, mein Junge.

Die Richtung bleibt dieselbe.
Die Veränderung ist Teil der Reise.
In Glauben, Hoffnung und Liebe
Christi

Danksagung

Ich danke Jesus, meinem Herrn und Seelenverwandten. Du bist der große *Ich Bin*. In dir und durch dich ist alles möglich. Danke, danke, danke, danke.

Danke an meine Familie. Danke für die Rolle, die ihr auf dieser Reise gespielt habt. Ohne eure Unterstützung hätte ich es nicht geschafft.

Danke an jedes Haustier, für das ich sorgen durfte und das mir so zum Segen wurde. Danke für die Lektionen der Liebe, die ihr mich gelehrt habt. Ohne euch hätte ich keine Geschichten zu erzählen.

Danke an die wunderbaren Menschen, die mir die Pflege ihrer pelzigen und gefiederten »Kinder« anvertraut haben. Ihr werdet immer einen besonderen Platz in meinem Herzen haben. Danke für den wunderbaren Segen, den ihr mir geschenkt habt, indem ich eure Haustiere in meinem Leben haben durfte.

Danke an meine Gebetspartner. Gebet verändert alles. Danke, Melissa.

Danke an Kim Moore, einer Schwester mit einem Herzen für die Tiere aus Gottes Schöpfung. Du bist wirklich die Beste!

Danke an Jean Bloom. Danke für deine einzigartige Einsicht und deine Erfahrung, mit der du mir zur Seite gestanden hast.

Danke an Todd Hafer. Danke, dass du mich durch die Anfangszeit begleitet hast, in der ich wie gelähmt war. Ohne dich hätte ich das nicht durchgestanden.

Danke an Harvest House Publishers. Danke, dass ihr mir die Möglichkeit gegeben habt, diese Geschichten zu erzählen. Ich bin tief berührt und dankbar, dass ich Teil einer so professionellen und herzlichen *Familie* sein darf.

Johannes Roller, Carmen Bohnacker
Sonnenfarben
Vom traurig-schönen Leben mit unserem Sohn

Der kleine Tobias leidet an einer sehr seltenen Autoimmunerkrankung. Aber wenn er Bilder malt, liebt er die strahlenden Farben, so wie an Sonnentagen.
Hier erzählt sein Vater die herzbewegende Geschichte von dem viel zu kurzen Leben mit seinem Sohn.

Gebunden, 13,5 x 21,5 cm, 272 S.,
inkl. 16 Seiten Bildteil
Nr. 396.018, ISBN 978-3-7751-6018-6
Auch als E-Book *e*

SCM
Hänssler